中国区块链产业发展报告

2018

工业和信息化部信息中心 \主编

DEVELOPMENT OF
BLOCKCHAIN INDUSTRY IN CHINA
(2018)

经济日报出版社

图书在版编目（CIP）数据

中国区块链产业发展报告．2018／工业和信息化部信息中心主编．--北京：经济日报出版社，2018.9

ISBN 978-7-5196-0423-3

Ⅰ．①中… Ⅱ．①工… Ⅲ．①电子商务-支付方式-研究报告-中国-2018 Ⅳ．①F713.361.3

中国版本图书馆 CIP 数据核字（2018）第 216214 号

中国区块链产业发展报告（2018）

作　者	工业和信息化部信息中心
责任编辑	肖小琴
责任校对	徐建华
出版发行	经济日报出版社
社　址	北京市西城区白纸坊东街 2 号 A 座综合楼 710
邮政编码	100054
电　话	010-63584556（编辑部）
	010-63538621　63567692（发行部）
网　址	www.edpbook.com.cn
E-mail	edpbook@sina.com
经　销	全国新华书店
印　刷	北京文昌阁彩色印刷有限责任公司
开　本	710×1000 mm　1/16
印　张	10.75
字　数	150 千字
版　次	2018 年 10 月第一版
印　次	2019 年 1 月第一版第二次印刷
书　号	ISBN 978-7-5196-0423-3
定　价	88.00 元

《中国区块链产业发展报告（2018）》

编写委员会

参编单位（按机构首字母拼音排序）：

北京神州绿盟信息安全科技股份有限公司（绿盟科技）

《当代金融家》杂志社

IT 桔子

江苏众享金联科技有限公司

南京大学信息管理学院

起风学社

全球人工智能区块链 30 人论坛

深链财经

首都经济贸易大学工商管理学院

四川大学锦城学院电子信息学院

中国计算机学会区块链专业委员会

中国人民财产保险股份有限公司

中国云体系产业创新战略联盟

前言

当前，新一轮科技革命和产业变革席卷全球，大数据、云计算、物联网、人工智能、区块链等新技术不断涌现，数字经济正深刻地改变着人类的生产和生活方式，成为了经济增长的新动能。区块链作为一项颠覆性技术，正在引领全球新一轮技术变革和产业变革，有望成为全球技术创新和模式创新的“策源地”，推动“信息互联网”向“价值互联网”变迁。我国《“十三五”国家信息化规划》中把区块链作为一项重点前沿技术，明确提出需加强区块链等新技术的创新、试验和应用，以实现抢占新一代信息技术主导权。目前，我国区块链技术持续创新，区块链产业初步形成，开始在供应链金融、征信、产品溯源、版权交易、数字身份、电子证据等领域快速应用，有望推动我国经济体系实现技术变革、组织变革和效率变革，为构建现代化经济体系作出重要贡献。

为了推动区块链产业加快技术创新和应用落地，促进产业健康规范发展，工业和信息化部信息中心组织区块链研究机构、行业组织和应用单位等多方力量，汇聚区块链有关技术、产业、应用、安全等领域的权威专家组成编委会，联合开展《中国区块链产业发展报告（2018）》的编写工作。在编写过程中，为掌握我国区块链产业创新发展和应用落地的实际情况，工业和信息化部信息中心工业经济研究所牵头组建了联合调研组，通过对北京、杭州、深圳、贵阳等全国多个城市近百家区块链产业及应用企业的实地调研，掌握了大量的一手素材和典型案例，并多次组织行业研讨，广泛听取了各方面的意见。

《中国区块链产业发展报告（2018）》系统地分析了我国区块链产业发展现状，对我国当前区块链产业的生态构成进行了解析，总结我国区块链产业发展特点，特别是对于区块链技术在金融领域和实体经济的落地应用进行了深入研究，通过列举大量区块链应用和产业实践展现了区块链技术较快落地的典型领域、典型模式和典型案例，最后对我国区块链产业的重要发展趋势进行了展望，对于一些行业热点问题也给出了我们的认识。

本书编写过程中获得了多地政府、产业园区、高校、研究机构，以及互联网、金融、制造业和咨询等领域众多机构、专家的指导与帮助。感谢社会各界对本书编写和调研工作的参与与关注，感谢参与调研和问卷调查的企业给予的大量案例素材支持，为本书的观点提供有力的支撑。特别感谢参与编写和访谈的各位专家提供宝贵智识。

特别要说明的一点是，我国区块链产业的发展总体还处于起步阶段，当前我们对区块链的认识还是初步和阶段性的，可能会有一定的局限性，后续我们将持续深入地开展研究，进一步完善研究成果，欢迎社会各界提出宝贵意见和建议。

目录

CONTENTS

第一章

区块链产业发展总体特点

我国区块链产业目前处于高速发展阶段，创业者和资本不断涌入，企业数量快速增加。区块链应用加快落地，助推传统产业高质量发展，加快产业转型升级。利用区块链技术为实体经济“降成本”“提效率”，助推传统产业规范发展。此外，区块链技术正在衍生为新业态，成为经济发展的新动能。区块链技术正在推动新一轮的商业模式变革，成为打造诚信社会体系的重要支撑。与此同时，各地政府积极从产业高度定位区块链技术，政策体系和监管框架逐步发展完善。

一、我国区块链产业生态初步形成，方兴未艾

1. 产业呈现高速发展，企业数量快速增加

截至 2018 年 3 月底，我国以区块链业务为主营业务的区块链公司数量已经达到了 456 家[①]，产业初步形成规模。

从中国区块链产业的新成立公司数量变化来看，2014 年该领域的公司数量开始增多，到 2016 年新成立公司数量显著提高，超过 100 家，是 2015 年的 3 倍多。2017 年是近几年的区块链创业高峰期，由于区块链概念的快速普及，以及技术的逐步成熟，很多创业者涌入这个领域，新成立公司数量达到 178 家。

① 数据口径：在国内正式注册，并以提供区块链技术或者服务作为主营业务方向的公司，或整体业务基于区块链技术开展，不包括那些仅在部分业务领域应用区块链技术的企业，也不包括在部分产品上尝试使用区块链技术的 IT 服务或互联网公司。数据来源：IT 桔子。

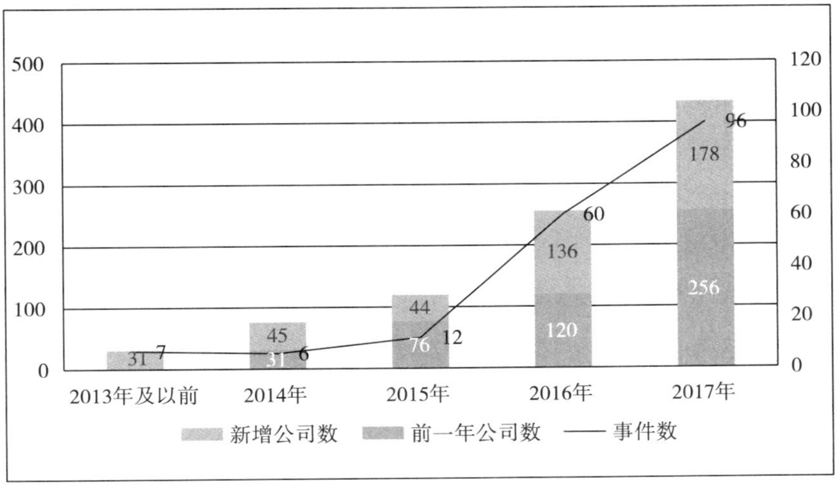

图 1–1　近五年中国区块链产业新成立公司数量和融资事件数变化趋势

数据来源：itjuzi.com，IT 桔子　截止时间：2018 年 3 月 31 日

股权投资情况可以较好反映社会资本对于产业的关注和支持力度。涉及区块链公司股权投资事件数量为 249 起。从 2016 年开始，区块链领域的投资热度出现明显上升，投资事件达到 60 起，是 2015 年的 5 倍。2017 年是近几年的区块链投资高峰期，投资事件数量接近 100 起。在 2018 年第一季度，区块链领域的投资事件数量就达到了 68 起。从目前趋势来看，由于区块链技术的落地速度也在加快，市场开始趋于理性，股权投资人更愿意投资能看到有具体落地场景的项目，预计 2018 年区块链领域的投资会是一个高峰期。①

从中国区块链公司融资轮次分布状况来看，目前有接近 90% 的投资事件集中在早期阶段（A 轮及以前），另外有 9% 的投资事件属于战略投资，B 轮及以后的投资事件占比仅为 2%。因此，区块链产业目前还处于非常早期的阶段。随着整个产业的高速发展以及项目落地速度的加快，融资轮次将逐渐往后延伸，未来会出现更多进入中后期阶段的项目。区

① 数据来源：IT 桔子。

块链产业发展方兴未艾。

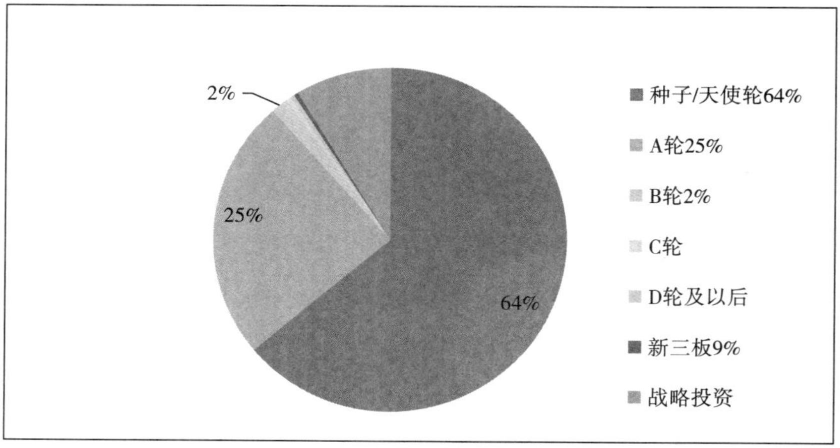

图 1-2　中国区块链产业相关公司融资轮次分布状况

2. 从设备制造到产业应用，区块链产业链条脉络逐渐明晰

根据本次调研情况来看，目前我国区块链产业链条已经形成，从上游的硬件制造、平台服务、安全服务，到下游的产业技术应用服务，到保障产业发展的行业投融资、媒体、人才服务，各领域的公司已经基本完备，协同有序，共同推动产业不断前行。

从区块链产业细分领域新成立公司分布状况来看，截至 2018 年 3 月底，区块链领域的行业应用类公司数量最多，其中为金融行业应用服务的公司数量达到 86 家，为实体经济应用服务公司数量达到 109 家。此外，区块链解决方案、底层平台、区块链媒体及社区领域的相关公司数量均在 40 家以上①。

① 数据来源：IT 桔子。

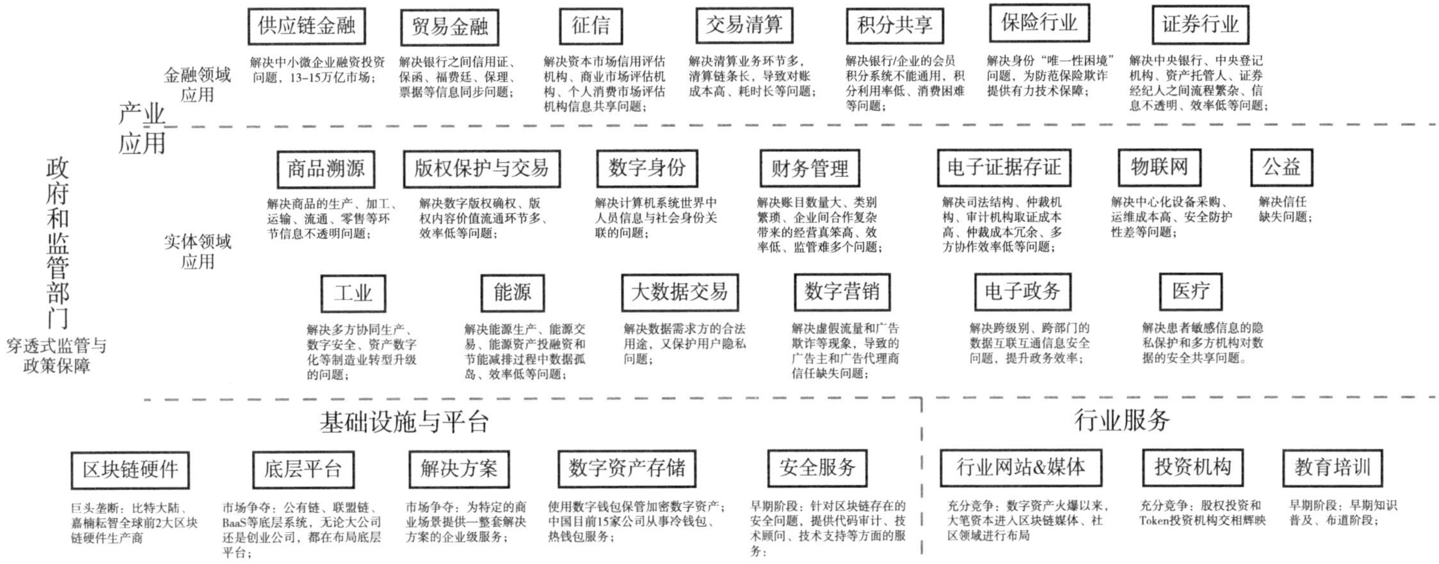

图 1-3 2018 年中国区块链产业生态

数据来源：itjuzi.com，IT 桔子　截止时间：2018 年 3 月 31 日

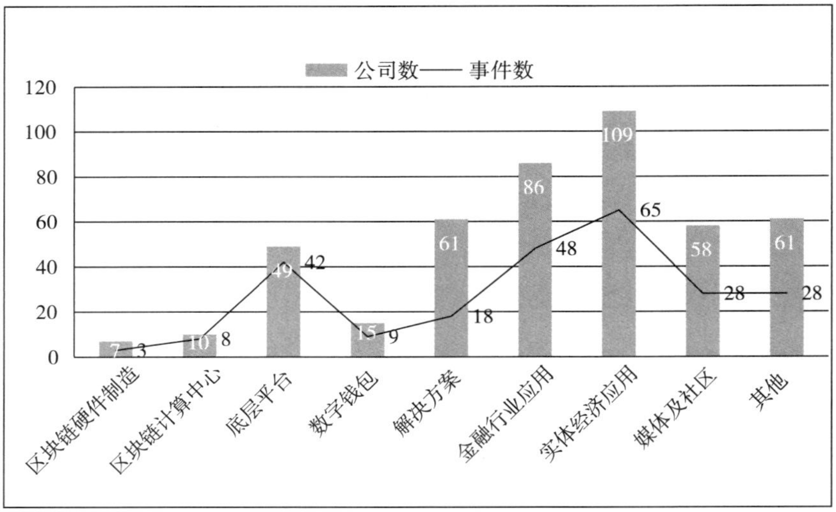

图 1-4　中国区块链产业细分领域公司和融资事件数分布

数据来源：itjuzi.com，IT 桔子　截止时间：2018 年 3 月 31 日

从区块链产业细分领域投资事件分布状况来看，行业应用服务相关的公司获投事件数最多，总共达到了 113 起，可见投资人对于有具体的应用场景、能够实际落地的项目越来越看重。底层平台领域的获投事件数为 42 起，区块链媒体及社区领域的获投事件数也达到了 28 起[①]。区块链领域正在吸引越来越多的创业者和资本入场，成为创新创业的新高地。随着区块链技术的发展以及应用的加速落地，产业规模将不断增加，该领域未来有望成为新的经济增长点。

3. 互联网巨头涌入，快速推动我国区块链产业发展

区块链技术不仅受到了创业企业的青睐，也受到了互联网巨头企业的广泛关注，互联网巨头企业纷纷拓展区块链业务，快速推动我国区块链产业发展。目前，腾讯、阿里巴巴、百度、京东等互联网行业巨头纷纷加入区块链技术的研究与场景应用中来。腾讯基于 Trust SQL 核心技术，打

① 数据来源：IT 桔子。

造领先的企业级区块链基础服务平台。目前，腾讯区块链已经落地供应链金融、医疗、数字资产、物流信息、法务存证、公益寻人等多个场景。例如，腾讯基于供应链场景下的真实交易数据，通过腾讯区块链技术及运营资源，构建“腾讯区块链 + 供应链金融解决方案”，从根本上改善小微企业的融资困境，助力地方产业转型升级。阿里巴巴基于区块链技术去中心化、分布式存储及防篡改的特性已落地了多个应用场景，包括公益、正品追溯、租赁房源溯源、互助保险等，并且申请专利数量已达到 80 件左右。百度金融先后与华能信托、长安新生等落地了国内首单区块链技术的 ABS 项目，区块链技术为 ABS 资产运作透明化提供了保障，提升了项目的效率、安全性和可追溯性。京东运用区块链技术搭建“京东区块链防伪追溯平台”，从解决商品的信任痛点出发，精准追溯到商品的存在性证明特质，让所有生产、物流、销售和售后信息分享进来，共同铸建完整且流畅的信息流，并且也采用区块链技术来解决 ABS 参与各方的信任问题，在区块链的系统架构上完成交易，确认资产的权属和资产的真实性。巨头涌入给我国区块链产业发展注入了新动能，产业蓄势待发，并将借着新时代的东风快速崛起。

二、地域分布相对集中，产业集聚效应明显

从中国区块链公司的地域分布状况来看，北京、上海、广东、浙江依然是区块链创业的集中地，四地合计占比超 80%。其中，北京以 175 家公司、占比 38% 处于绝对的领先地位；上海以 95 家公司，占比 21% 位居第二；广东省以 71 家公司、占比 16% 位居第三；浙江省以 36 家公司、占比 8% 位居第四。除此以外，中国区块链创业活跃度前 10 名的省份还包括江苏、四川、福建、湖北、重庆、贵州。

中国区块链创业活跃度TOP10省份			
排名	省份	公司数	占比
1	北京	175	38%
2	上海	95	21%
3	广东	71	16%
4	浙江	36	8%
5	江苏	13	3%
6	四川	13	3%
7	福建	7	2%
8	湖北	4	1%
9	重庆	4	1%
10	贵州	3	1%

数据来源：itjuzi.com，IT桔子　截止时间：2018年3月31日

图 1–5　中国区块链创业活跃度 TOP10 省份

排名	城市	公司数	占比
1	北京市	175	38%
2	上海市	95	21%
3	深圳市	56	12%
4	杭州市	32	7%
5	广州市	15	3%
6	成都市	13	3%
7	南京市	8	2%
8	厦门市	4	1%
9	重庆市	4	1%
10	贵阳市	3	1%

数据来源：itjuzi.com，IT桔子　截止时间：2018年3月31日

图 1–6　中国区块链创业活跃度 TOP10 城市

从中国区块链创业活跃度靠前城市来看，北京、上海、深圳、杭州依然为中国大陆区块链创业活跃度最高的四座城市，公司占比达到78%。除此以外，中国区块链创业活跃度前10位城市还包括广州、成都、南京、厦门、重庆、贵阳。

随着区块链技术和应用的快速迭代，区块链向传统行业的扩展进程将进一步加快，未来区块链企业以及区块链领域项目与传统产业场景结合的需求将持续提升，因此地域分布将更加广泛。

三、区块链应用呈现多元化，从金融延伸到实体领域

区块链技术具备分布式、防篡改、高透明和可追溯的特性，非常符合整个金融系统的业务需求，因此目前已在支付清算、信贷融资、金融交易、证券、保险、租赁等细分领域落地应用。例如，民生银行与中信银行合作推出首个国内信用证区块链应用，中国平安的资产交易、征信两大应用场景都已上线，招商银行落地了国内首个区块链跨境支付应用，微众银行通过基于区块链的机构间对账平台把对账时间从T+1日缩短至T+0，实现了日准实时对账。

随着区块链技术创新发展逐步成熟，产业应用的实际效果愈发显现，区块链的应用已从金融领域延伸到实体领域，电子信息存证、版权管理和交易、产品溯源、数字资产交易、物联网、智能制造、供应链管理等领域。区块链技术开始与实体经济产业深度融合，形成一批“产业区块链”项目，迎来产业区块链“百花齐放”的大时代。例如，北京溯安链科技有限公司的溯源服务已经在广西小红薯、阳原杂粮、黑龙江富硒大米生产流通供应链得到了应用，这不仅满足了客户的区块链溯源需求，还提升了产品的附加值。安妮股份基于区块链的版权存证服务，已为百万作品提供了确权服务，部分解决了内容创作者的痛点和难点。发

挥区块链技术在确权、授权与维权过程中的海量、快速、即时特性，逐步实现“创作即确权、使用即授权、发现即维权”。沃尔玛基于区块链的创新食品供应链协作模式使农场到门店的追溯过程从 26 小时减少至 10 秒，并且调阅文件仅需半分钟。

随着区块链的价值得到广泛的认可，越来越多的行业正在提出自己的区块链解决方案。从应用范围看，区块链技术几乎在所有的产业场景都能落地应用，原因是几乎所有的产业场景都涉及交易，都有降成本、提效率、优化产业诚信环境的需求，而这正是区块链技术落地应用后能迅速发挥的作用。

区块链技术应用落地的主战场是实体经济产业领域，区块链技术的价值也将集中体现为落地产业场景后带来的价值增量。目前，传统产业中的实物流并没有广泛转化为信息流，原因之一是很多实体经济企业，尤其是中小微企业并没有办法基于业务的数字化转型获得很大的实际收益，反而要承担信息泄露等一系列风险。所以不少企业并没有积极推动业务的数字化转型，导致实物流向信息流的映射存在不完整、不全面、不系统的情况。利用区块链技术，结合物联网和工业互联网技术应用，以及在基于新型供应链金融模式的推动下，大量交易信息已经开始由线下转向链上，企业的管理系统和机器设备的联网率开始提升，数字资产成为企业资产的重要组成部分，实体产业的商业模式也将实现前所未有的深度变革。

四、实现“协作环节信息化”，助力实体经济降成本提效率

从目前实际的落地案例看，产业区块链技术落地应用要实事求是地为产业解决一些“小问题”，着力于提升产业协作环节的信息化水平，具

体可从“降成本”和“提效率”两个方面推动传统产业的发展。

随着我国数字经济发展，在企业内部，信息化水平往往已经比较高，各类管理系统已经非常先进，但是在企业之间协作的环节，很多情况下并没有被信息系统所覆盖。比如不同类型的机构进行再对账时，往往要从信息系统中导出电子表格，并用邮件发送，甚至需要打印表格、盖章后邮寄，对方收到后再与系统数据进行比对。整个业务流程并不复杂，但是消耗了很多人力物力，成本较高，而且制约了业务运行效率和用户体验的提升。因此，很多联盟链系统都实际上是在解决这个问题，提升企业之间协作环节的信息化水平。在这个领域，用传统中心化的数据库方式建设，成本相对较高，授权机制复杂，可扩展性较差，信息安全问题难以保障，多主体难以实现互信。而区块链技术则能够让多种业务主体平等交流，信息共享，实时核对数据一致性。这些基于区块链的系统，本质上是在“弱信任”环境中，有效实现多主体信息共享、有效协作的信息化手段。

用区块链的方式实现信息共享，除了成本低、效率高之外，还可以实现“信任传递”或“信任外溢”，基于区块链技术，由于上链信息不可篡改，因此在交易双方共同验证一笔交易之后，也可以让第三方信任这个信息，这实际上就使得这种可信的状态可以传导到第三方，进而实现数据的资产化。此外让机构从“黑盒”状态转为“白盒”状态，也就是机构运作机制透明化，使得自证清白变得非常容易，极大地降低多主体之间的互信成本。

进而，区块链将发挥“提高产业链协同效率”的作用。提升产业协同水平是推动中国制造迈向中高端的重要途径，也是建设现代化经济体系的重要要求。但是目前在很多产业，产业链协同效率仍然不高，在国际贸易领域这个问题尤为突出。例如：在国际贸易中，商品的原产地、检验检疫、通关等系列证明文件，各国标准不一，有关部门和外贸企业核验这些证书证明真实性、准确性的成本和难度都比较高，直接导致国际贸易商品流通速度慢、跨国协同难度高，在国际上难以通过设立统一的认证机构解决这些问题。基于区块链技术，打通各国商品流通信息，可以实现对国际贸易商品流通全过程的溯源，甚至互信实现快速通关，进而大大简化相关手续，提升效率。

五、技术滥用导致产业发展存在一定的风险，不可忽视

尽管区块链技术的正向价值逐步显现，但是产业发展过程中仍然伴随出现了一系列不可忽视的风险。一方面是合规性风险，在区块链发展的早期阶段，由于它本身具有传递价值的属性，因此引来了一些不是专注于技术应用，而是热衷于通过 ICO（首次代币发行）进行非法集资、传销甚至是欺诈的行为。2017 年 9 月，7 部门联合发布《关于防范代币发行融资风险的公告》，直指野蛮生长的代币融资行为。与早期的互联网相似，区块链发展早期也要特别警惕资本市场的过分炒作和虚假宣传。一些区块链应用项目存在不切实际的宣传和炒作，使得市场估值偏离基本价值或者被赋予过高的期望。此外，还有一些项目从本质上并没有真正利用区块链技术，只是打着区块链的旗号，获得了与实际价值完全不相符的估值。有的项目的所谓创新脱离了实体经济的需求，完全是投机行为。

另一方面是技术层面的风险，尽管区块链融密码学、分布式存储等多项技术于一身，但这并不意味着它本身没有漏洞。例如，存在 51% 攻击、自私挖矿等攻击方式。区块链需要引入大量公共资源参与到体系中来，如参与计算的节点数太少，则会面临 51% 被攻击的可能性，严重威胁网络系统运作和价值。再如，私钥和终端安全。在当前区块链中，私钥存储在用户终端本地。如果用户的私钥被窃取，将给用户的数字资产

造成严重的损失。又如，共识机制安全。目前，除 PoW 外，PoS、DPoS 等多种共识机制虽然已经被提出，但是否能够实现真正的安全可信，尚不能完全证明。此外，还有可能通过传统的网络攻击方式，造成网络堵塞，迫使区块链网络出现硬分叉，进而导致对整个区块链系统的可信性受到质疑，网络体系的价值就会崩盘，给网络参与者造成惨重的集体损失。除了区块链本身的技术漏洞，网络参与主体责任划分、账本数据最终归属、成本偏高、交易区块具有选择性等问题，也会导致区块链技术落地应用时会面临较大风险。

六、产业政策体系逐步构建，产业发展环境持续优化

1. 区块链产业发展的政策体系逐步完善，各地政府积极从产业高度定位区块链技术

区块链技术已经上升到国家科技战略层面。2016 年 12 月，《国务院关于印发“十三五”国家信息化规划的通知》中首次提及区块链，并将其与量子通信、人工智能、虚拟现实、大数据认知分析、无人驾驶交通工具等技术一起作为重点前沿技术，明确提出需加强区块链等新技术的创新、试验和应用，以实现抢占新一代信息技术主导权。其次，相关行业、国家和国际标准也在加速制定，解决区块链的关键技术标准问题，促进区块链产业生态化发展。为把握区块链产业发展机遇，抢占区块链产业发展制高点，各地政府及时出台区块链技术和产业发展扶持政策，让区块链产业迎来了一次新的爆发。

目前，各地政府积极从产业高度来定位区块链技术，把握技术升级带来的产业升级新机遇。例如，2018 年 3 月河北省政府印发《关于加快

推进工业转型升级建设现代化工业体系的指导意见》，提出积极培育发展区块链等未来产业，打造世界级高端高新产业集群。2018 年 4 月国务院批复了《河北雄安新区规划纲要》，强调重点发展信息技术产业，要求超前布局区块链、太赫兹、认知计算等技术研发及试验。

贵州省提前布局区块链产业，2016 年 12 月，贵阳市政府发布《贵阳区块链发展和应用》白皮书，计划 5 年建成主权区块链应用示范区。2017 年 2 月，在《贵州省数字经济发展规划（2017–2020 年）》报告中提出建设区块链数字资产交易平台，构建区块链应用标准体系等目标。2017 年 6 月，贵阳市人民政府下发支持区块链发展和应用的试行政策措施，对区块链产业提供政策扶植。

广州积极出台相关政策，积极推进区块链产业发展，2017 年 12 月，广州出台第一部关于区块链产业的政府扶植政策——《广州市黄埔区广州开发区促进区块链产业发展办法》，预计每年将增加 2 亿元左右的财政投入。

2017 年 2 月，南京市人民政府下发《市政府办公厅关于印发“十三五”智慧南京发展规划的通知》，明确提出要使区块链等一批新技术形成突破并得以实际应用。2017 年 5 月，无锡软件行业协会区块链专业委员会暨物联网与区块链联合实验室成立。2017 年 12 月，苏州高铁新城向社会开放首批 15 个区块链应用场景，并发布 9 条扶持政策，吸引区块链企业和人才落户。

2017 年 6 月，山东省青岛市北区人民政府印发了《关于加快区块链产业发展的意见（实行）》，力争到 2020 年，形成一套区块链可视化标准，打造一批可复制推广的应用模板，引进和培育一批区块链创新企业。2017 年 9 月，青岛发布了“链湾”白皮书，计划成立全球区块链中心，建设青岛“全球区块链 +”创新应用基地。2017 年 12 月，青岛国际沙盒研究院在崂山区发布了全球首个基于区块链的产业沙盒“泰山沙盒”。

2017 年 7 月，赣州设立区块链金融产业沙盒园，在企业入驻、技术扶持、运营、金融等方面予以扶植。2017 年 9 月，江西省人民政府下发《关于印发江西省“十三五”建设绿色金融体系规划的通知》，鼓励发展区块链技术、可信时间戳认定等互联网金融安全技术，服务绿色金融发展。

2017 年 11 月，重庆市经济和信息化委员会发布《关于加快区块链产业培育及创新应用的意见》，提出到 2020 年，力争全市打造 2–5 个区块链产业基地，初步形成国内重要的区块链产业高地和创新应用基地。2018 年 4 月，成都市大数据协会区块链专业委员会成立。2017 年 12 月，广西壮族自治区人民政府办公厅《关于印发广西进一步扩大和升级信息消费持续释放内需潜力实施方案的通知》，大力发展软件和信息技术服务业，开展基于区块链、人工智能等新技术的试点应用。

为了便于读者了解我国目前区块链产业有关的政策，特将国家和地方的政策进行了汇编，具体政策内容请见本书附件二和附件三。

2. 积极加强行业监管，有力防范金融风险

根据党的十九大的总体部署，防范和化解重大风险是未来中国三年的经济工作重点之一，而防范和化解重大风险的关键则是防控金融风险。因此，我国也积极加强行业监管，防范区块链发展过程中可能出现的金融风险，维护国家金融的稳定和安全，促进区块链产业规范健康发展，以更好地发挥区块链“价值互联网”的积极作用。

ICO 本质上是区块链初创项目的融资工具，通常为早期投资者通过向 ICO 项目发起人支付比特币或以太币等主流虚拟货币，获得项目发起方基于区块链技术初始产生的加密数字代币。根据国家互联网金融安全技术专家委员会于 2017 年 7 月 25 日发布的《2017 年上半年国内 ICO 发展情况报告》，ICO 融资规模和用户参与程度呈加速上升趋势，累计参与人次达 10.5 万。一些项目因早期天使融资失败，而转向 ICO 融资模式。因此，这些 ICO 项目风险均非常高，甚至涉及传销、欺诈[①]。

① 参考资料：邓建鹏 . 七部委关于 ICO 公告的解读与思考 . 证券日报，2017 年 9 月 11 日。

2017年9月4日，中国人民银行、中央网信办、工业和信息化部、工商总局、银监会、证监会、保监会联合发布《关于防范代币发行融资风险的公告》，明确代币发行融资本质上是一种未经批准非法公开融资的行为，涉嫌非法发售代币票券、非法发行证券以及非法集资、金融诈骗、传销等违法犯罪活动。并要求各类代币发行融资活动应当立即停止。已完成代币发行融资的组织和个人应当做出清退等安排，合理保护投资者权益，妥善处置风险。明确规定任何所谓的代币融资交易平台不得从事法定货币与代币、“虚拟货币”相互之间的兑换业务，不得买卖或作为中央对手方买卖代币或“虚拟货币”，不得为代币或“虚拟货币”提供定价、信息中介等服务。各金融机构和非银行支付机构不得直接或间接为代币发行融资和“虚拟货币”提供账户开立、登记、交易、清算、结算等产品或服务，不得承保与代币和“虚拟货币”相关的保险业务或将代币和“虚拟货币”纳入保险责任范围。

经过半年的集中整治，互联网金融领域总体风险水平明显下降，非法集资在互联网蔓延势头得到遏制。目前全国摸排出的首次货币发行（ICO）平台和比特币等虚拟货币交易场所已基本实现无风险退出[①]。

区块链是一项前沿技术，技术造成的新监管挑战也在要求监管技术的持续进步。金融科技细分领域的“Reg-Tech”（监管科技），就是利用大数据、人工智能和区块链等的新技术，来解决监管合规问题，减少合规费用。区块链备案平台、基于区块链的监管体系等都属于Reg-Tech领域。国内已经出现从事监管科技的公司，他们主要为政府和各大银行等金融监管机构提供监管科技解决方案。金丘科技、众享比特等公司专门推出基于区块链的监管体系。

① 资料来源：央行条法司副司长龚雁在2018年防范和处置非法集资法律政策宣传座谈会上讲话。

第二章

区块链产业细分领域发展情况

区块链各细分领域蓬勃发展，从硬件制造、基础设施到底层技术开发、平台建设，再到安全防护、行业应用，以及媒体社区等区块链行业服务机构，已经初步形成了一个完整的产业生态链。

一、平台建设

1. 底层平台（公有链 / 联盟链 /BaaS）

在区块链产业，平台级的机会是目前很多公司关注的方向。无论是创业公司还是大公司，纷纷在布局区块链底层平台，希望能抢占下一波红利。但是，由于区块链还处于非常早期的阶段，因此各家对于平台的理解和实践路径并不一样。目前，公有链、联盟链和 BaaS 是三种比较主流的平台模式。

（1）公有链

公有链是指向全世界所有人开放，每个人都能成为系统中的一个节点参与记账的区块链，它们通常将激励机制和加密数字验证相结合，来实现对交易的共识。

目前，公有链被看作是区块链领域最有前景的方向，因为它更符合区块链的本质，很可能成为下一个系统级的平台。公有链的优点包括：能够保护用户免受开发者的影响；所有交易数据都默认公开；访问门槛低，任何人只要有联网的计算机就能访问；能够通过社区激励机制更好地实现大规模的协作共享，等等。

作为底层平台，公有链能够推动整个社会进入“可信数字化”时代，真正开启“价值互联网”的新篇章。一方面，基于区块链的激励模式推进分享经济向共享经济升级，这也符合创新、协调、绿色、开放、共享的新发展理念，是一种更高层次的新型平台经济；另一方面，基于底层公链的区块链应用也将迎来大爆发，DAPP 时代即将来临。DAPP 之于底层公链，就如同 APP 之于 IOS 和 Android 系统，未来可能会衍生出一个新的生态体系。

虽然公有链有很多优点，但是其存在的挑战依然很大。对于公有链来说，节点数越多意味着系统的安全性和公平性越高，这就带来了系统效率的低下，因为每增加一个节点，就需要多达成一次共识。节点数和效率就成为了一个悖论。例如：比特币每秒能处理 7 笔交易，以太坊每秒能处理 20–30 笔交易。由于 TPS 每秒的并发量太低，导致北特币和以太坊等公链普遍存在交易费用高、确认时间长、扩展性差等问题。此外，很多的公有链项目都是先搭建平台，再去找应用场景，这也为后面的实际落地带来了一定的挑战。

目前在公有链领域，我国技术处于世界先进水平，已经诞生了几家比较领先的底层平台公司。

（2）联盟链

联盟链是指若干个机构共同参与记账的区块链，即联盟成员之间通过对多中心的互信来达成共识。联盟链的数据只允许系统内的成员节点进行读写和发送交易，并且共同记录交易数据。

联盟链作为支持分布式商业的基础组件，更能满足分布式商业中的多方对等合作与合规有序发展要求。例如：联盟链会更适合组织机构间的交易和结算，类似于银行间的转账、支付，通过采用联盟链的形式，就能打造一个很好的内部生态系统来大幅提高效率。

联盟链和公链相比，在高可用、高性能、可编程，隐私保护上更有优势，它被认为是“部分去中心”或者是“多中心”的区块链。联盟链让节点数得到了精简，能够使得系统的运行效率更高、成本更低，在单位时间内能够确认的交易数量要比公链大很多，更容易在现实场景中落地。此外，联盟链相对于公有链非常重要的特点就是节点准入控制与国家安全标准支持，确保认证准入、制定监管规则符合监管要求，在可信安全的基础上提高交易速度。在联盟链领域，目前有几个比较典型的案例，例如：

超级账本（Hyperledger）是由 Linux 基金会于 2015 年发起的推进区块链数字技术和交易验证的开源项目，吸引了包括华为、腾讯云、百度金融、三星、IBM、英特尔、Fujitsu、Cisco、Redhat、Oracle 等众多公司参与，目前已经有超过 200 家会员单位。超级账本项目的目标是让成员共同合作、共建开放平台，满足来自多个不同行业的用户案例，并简化业务流程。超级账本旗下有多个区块链平台项目，包括 IBM 贡献的 Fabric 项目，Intel 贡献的 Sawtooth 项目，以及 Iroha、Burrow、Indy 等。

微众银行自 2015 年开始投入资源探索区块链技术，目前已研发了两大区块链开源底层平台。其一是联合万向区块链与矩阵元共同推出企业级联盟链底层平台 BCOS，并在 2017 年 7 月完全开源。随后，又联合金链盟开源工作组的多家机构共同研发并开源了 BCOS 的金融分支版本——FISCO BCOS，目前已有数十家企业基于 FISCO BCOS 平台，聚焦区块链应用场景的落地，在包括供应链、票据、数据共享、资产证券化、征信、场外股权市场等场景进行实践。

（3）BaaS

BaaS 通常是一个基于云服务的企业级的区块链开放平台，可一键式快速部署接入、拥有去中心化信任机制、支持私有链、联盟链或多链，拥有私有化部署与丰富的运维管理等特色能力。BaaS 目前可广泛应用于金融、医疗、零售、电商、游戏、物联网、物流供应链、公益慈善等行业中，重塑商业模式，提升客户在行业内的影响力。

目前，大公司在 BaaS 方面的动作更加活跃，因为它们都有自己的云服务，并且生态体系内的业务场景丰富，适合根据具体的业务场景来试错和反推平台服务。此外，由于公有链的共识机制导致系统效率低下，而 BaaS 是基于对大公司的平台信任，去构建部分去中心化或者弱中心化的架构，从而在一定程度上达到可信化和效率的兼顾。BaaS 服务将用户对公有云或者大公司的品牌信任注入到平台中，能够加快区块链的普及，降低用户的使用门槛，扩大区块链的使用场景。

腾讯区块链 BaaS 开放平台，定位于打造领先的企业级区块链基础服务平台，帮助客户从业务的角度理解区块链，专注于帮助企业快速搭建上层区块链应用场景。腾讯区块链以“区块链 +”的战略定位，致力于连接应用场景，针对供应链金融、物流信息、公益寻人、法务存证、医疗处方等应用场景的痛点，推出行业级区块链解决方案。目前，腾讯区块链 BaaS 开放平台提供共享账本和数字资产两大业务模型。共享账本模型主要适用于解决信息不对称、提供存证证明等需要进行信息有效性共享的场景。数字资产模型主要针对可数字化的资产交易场景，通过与业务场景中进行有机结合，能够有效防止数据篡改，进行完整追溯，规避数据伪造风险。

华为云区块链服务 BCS 聚焦于区块链云技术平台建设，帮助企业在华为云上搭建企业级区块链行业方案和应用，共同推动区块链应用场景落地，打造基于区块链的公共信任基础设施和共赢生态。BCS 基于华为云领先的云原生技术（如容器等）搭建，可最快 5 分钟完成区块链部署，同时提供多种安全、高效共识算法，用户可以在 2000+TPS 和 10000+TPS 共识算法上根据业务需求和场景进行选择。基于华为云全栈安全能力，BCS 服务通过分层加密、国密支持、同态加密和零知识证明等安全技术，全面保护区块链系统的账户、节点、账本和数据，确保用户和交易信息安全。目前，BCS 主要专注 4 大类 9 小类应用场景，包括数据资产、IoT、运营商和金融领域等，如：身份认证、数据存证 / 交易，新能源、公益捐赠、普惠金融等。

公有链与联盟链 /BaaS 虽然采取了不同的策略和发展路径，但是两者依然会长期共存，甚至有些平台最后可能会殊途同归，或者通过跨链技术将分散的联盟链系统与公链相连接，形成更大范围的价值互联网产业生态。

2. 数字资产存储

区块链产业的发展需要有新型的数字资产存储方式，这就催生了数字钱包的诞生。对于数字钱包来说，安全性需求永远是排在第一位的。近几年，数字资产安全问题屡见不鲜，数字钱包作为区块链产业链上一个重要环节，需要打造更加安全可靠的存储环境。此外，对于普通用户来说，数字钱包的使用门槛依然很高，便捷性和易用性亟待提升。这些需求均在推动着数字钱包的不断迭代更新。

数字钱包提供钱包地址的创建、数字加密资产的转账、钱包地址的历史交易查询等功能。数字钱包按照密码学原理，可以创建一个或多个钱包地址，每个钱包地址对应一个密钥对：私钥和公钥。在数字加密资产的世界里，私钥是最重要的，它是数字加密资产所有权的唯一凭证，因为公钥和地址均能通过私钥推导出来。因此，私钥的生成和存储方式决定了数字加密资产的安全性，而数字钱包的主要作用就是帮助用户管理和使用私钥。另外，为了降低用户的使用门槛，助记词则成为明文私钥的另一种表现形式，它是为了帮助用户去记忆复杂的私钥，增加便捷性。

安全是数字钱包的根基，一个安全的数字钱包应该能在任何时候都让用户的私钥 / 助记词处于安全保护之下。在此原则下，加密数字钱包的设计应遵循以下安全体系：基础安全体系（存储安全、网络安全、内存安全、安装包安全）、密钥管理安全体系、开发流程安全体系和用户行为安全体系[①]。

---

① 参考资料：猎豹移动区块链中心实验室和猎豹全球智库：《2018 全球数字货币钱包安全白皮书》。

目前，数字钱包类型主要分为冷钱包和热钱包等。冷钱包就是不联网的钱包，也叫离线钱包；热钱包就是保持联网上线的钱包，也就是在线钱包。冷钱包不联网会比热钱包更安全，因为它能保证私钥不接触网络，从而防止私钥被黑客窃取。IT 桔子的数据显示，截至 2018 年 3 月底，中国开发数字钱包的相关公司数量大约有 15 家，基本上都是以开发热钱包为主。

此外，去中心化也是区块链领域数字钱包发展的一大特点。中心化钱包和去中心化钱包的最根本区别就是，私钥是否自持。去中心化钱包的特点包括：第一，私钥是用户自持，当然密码也是用户自持；第二，资产是存储在区块链上，而不是托管在中心化的服务器上，并且目前也无需实名认证，即可生成钱包；第三，无法实现“账户冻结”“交易回滚”等操作。因此，去中心化钱包很难遭受黑客的集中攻击，用户也不用担心钱包服务商出现监守自盗的情况[①]。

例如：猎豹移动在海外推出移动安全数字资产安全钱包 SafeWallet，主打区块链客户端安全保护，解决钱包类产品安全问题。功能上可发送和接收数字加密资产、管理多个钱包、多链支持、多种钱包导入方式、实时资产价格、最优的交易费用算法、区块链知识学习及测试等。该钱包引入了三层安全防御体系（用户行为安全、手机防御安全、资产安全管理），并有良好的易用性和安全专业能力。能方便用户更好地保护和管理他们的数字加密资产。

imToken 是一个去中心化的数字钱包，用户可以独立生成钱包、导入钱包、存储密钥、助记词备份、转账等，并且不需要在服务器层面和 imToken 做任何交互。imToken 在服务器上不会存储用户的密钥、助记词等敏感信息，该信息均存储在用户自己的手机上，同时在开发层面关闭了 iCloud 等云同步功能，用以保护用户敏感信息。转账操作方面，用户

① 参考资料：Simon：《对话 imToken 社区负责人：如何保护你的数字资产安全》，imToken。

可以在个人设置里面自由选择区块链节点服务。此外，imToken 在用户风控系统方面所做的工作还包括：给用户设置准入门槛，用户需要完成钱包风险测评题才能被允许使用 imToken 产品；建立了恶意钱包地址库、恶意网址库、风险合约库等，imToken 在发现用户向恶意地址转账、使用恶意网址或者风险合约时，给予及时的提醒和阻止，最大限度保障用户的资产安全性；建立了区块链的安全事件库，当发生新的安全漏洞或钓鱼事件时，imToken 给予用户及时的推送提醒，向用户普及区块链安全方面的知识等。截至目前，imToken 拥有 300 万活跃用户，覆盖全球 200 多个国家和地区，国外用户占比 30%。

北京库神信息技术有限公司自主研发的硬件冷钱包，是一款基于智能操作系统的区块链资产存储设备，可存储多种区块链资产。库神钱包系统采用冷热分离架构，二维码通信方式让私钥不触网，彻底根绝私钥被黑客窃取的风险。钱包由两部分组成：硬件冷钱包（冷端）及库神 APP（联网端），冷端主要负责构造交易并对交易进行数字签名，库神 APP 负责查询地址余额及广播发送交易。冷端接触私钥，但不接触网络。库神 APP 接触网络，但处理的都是区块链公开透明的信息，无安全风险。

随着全球范围内黑客攻击的日益增加，对于钱包安全性的挑战将会越来越大，钱包公司需要通过对产品和技术的不断迭代更新，来为用户的数字加密资产保驾护航。

3. 区块链技术解决方案

区块链解决方案主要是指在底层平台的基础上进行扩展，目的是便于开发者基于区块链技术开发出产品和应用，或者是服务商直接为客户提供针对具体业务场景的解决方案。

例如：中钞区块链技术研究院推出的络谱区块链登记开放平台基于底层自主开发的区块链技术——开放的许可链建立了 6 层信任金字塔

模型，即基于区块链账本的可信记录、基于国家授时中心的可信时间、基于数字证书的可信身份、基于数字签名的可信行为、基于智能合约的可信关系，以区块链技术锚定构建多维度的数字网络社会，并为该络谱生态中的所有伙伴提供存在性证明、完整性证明、身份证明、时间戳证明、数据关系证明和凭证登记流转等能力。同时，联合各合作方对数字身份、可信数据、数字凭证进行可信登记，向调用这些信息的第三方提供存在性、完整性、身份、时间戳、数据关系和凭证登记等信息。这些信息具备可验证、可审计、可追溯、不可篡改等特性。络谱提供的服务不仅包括信息数据的登记、存证等业务，还可以在众多合作场景中取得广泛应用，实现区块链上的各要素之间实施互动，如政务处理、司法鉴定、信息溯源、安全防伪等；为政府、司法机构、公益组织和企事业单位提供便捷安全的信息服务和流程再造的技术支持。例如，针对身份与凭证相互关系的数字凭证权属变更、针对身份与数据相互关系的认证与授权、针对凭证与数据相互关系的审计服务、针对处置与数据相互关系的决策与投票等。目前该平台对社会各界开放注册，从发布以来已注册企业超过 100 多家。

北京众享比特科技有限公司积极开展自主创新，获得 38 项软件著作权，并已申请 35 项核心专利，借助区块链技术优势和沙计算网络平台，从接入安全、通信安全、存储安全、交易安全四个维度构建去中心化的网络安全体系。采用独特的内容寻址和 P2P 通信技术提供安全高效的去中心化网络服务，通过区块链技术实现公信透明的数据存储和智能合约应用。此外，众享比特推出基于区块链的数据库应用平台——ChainSQL，将区块链技术与传统数据库技术结合，打造不可篡改、安全、一致、低成本的数据库，推动了数据库技术的演进。在金融领域，众享比特研发出区块链清分管理平台、信用证管理平台、保函管理平台等以科技创新推动金融服务变革，提升金融服务效率，降低金融服务成本。在监管层面，众享比特针对各行业的监管需求推出区块链交易监管平台、审计数据报送平台、医疗数据审计平台等系列产品，通过对现有系统进行技术升级，解决审计数据不真实、监管工作难开展等实际问题。已展开实践的案例包括：中信银行的区块链信用证业务、江苏银行的区块链票据业务、苏宁金融服务集团区块链黑名单共享平台、南京银行的区块链清算系统、某国有四大行之一银行的区块链保函、保理、福费廷、信用证、代开信用证平台、某政府区块链敏感数据审计平台、公安视频区块链存证系统等。

联动优势科技有限公司自主研发的优链（UChains），是面向行业联盟链场景而设计的底层区块链平台，采用独创共识算法及异构多子链架构等，支持广域网、大范围全网共识，支持超大账本和在线数据，满足复杂场景下大业务量和持续化运营需求。针对当前小微企业和个体工商户群体融资难、融资慢、融资周期长的问题，联动优势基于优链，使用区块链技术记录从境外电商平台中采集的境内供应商的订单状态、境内供应商的融资请求、每一笔融资的状态变化、还款状况。再对境内供应商的跨境贸易应收款进行质押授信：首先，严格控制总体授信额度，防止超额融资；其次，授信额度可以无限拆分，从而允许供应商多次融资；最后，授信额度随还款情况进行动态调整。从而对相关合作伙伴提供供应商的信誉等级等方面的可信数据服务。目前，该平台已经上线近半年，保持 7×24 小时稳定运行，服务 WISH 电商平台的卖家过万。在 2017 年末，联动优势跨境结汇业务的月交易额较年初呈现约 10 倍增长。此外，联动优势与北汽福田达成战略合作，共建汽车行驶大数据网络平台，依托联动优势的区块链、大数据及云服务等技术资源优势，从汽车产品的研发、制造到客户应用全方位搜集、存储、分析及共享相关信息，为福田汽车、行业客户、经销商及供应商、合作伙伴、政府部门等提供车联网整体解决方案。

二、区块链硬件制造和基础设施

区块链硬件制造和基础设施起源于区块链的共识机制之一——POW（Proof of Work，工作量证明机制），即全网计算节点通过算力竞争记账权，来获取经济奖励。此外，分布式记账是区块链的核心特征之一，而区块链硬件设备充当了记账节点的功能。随着区块链的价值体现，参与竞争记账的人数越来越多，造成全网算力的难度呈现出指数级上升，这对区块链硬件设备的产量和性能都提出了更高的要求，推动这个行业持续创新发展，转型升级，在国际上取得了领先地位。

1. 算力难度上升和记账节点增加推动区块链硬件制造产业蓬勃发展

区块链硬件制造的核心在于芯片的计算能力，因此在算力难度提升的情况下，竞争记账也经历了最早从个人计算机上的 CPU（中央处理器）记账，到 GPU（独立显卡）记账，再到专业矿机的诞生，以及专业矿机又从 FPGA（可编程门阵列）过渡到 ASIC（专用集成电路）等。区块链硬件制造在算力难度不断增加的驱动下蓬勃发展，芯片计算能力不断提升，它是整个区块链产业发展的基石。同时，计算力的提高也推动了其他领域的发展，例如：人工智能领域就十分依赖计算力，人工智能芯片 TPU 也同样是 ASIC 芯片，依靠区块链硬件设备起家的比特大陆和嘉楠耘智就在 2017 年发布了 AI 芯片。

在区块链硬件领域，中国的相关公司具有绝对优势，全球大部分区块链硬件均由中国厂商生产。世界排名前三的区块链硬件设备厂商比特大陆、嘉楠耘智和亿邦科技，均是中国公司的。在算力的军备竞赛下，谁的区块链硬件算力更强，就能抢占更多的市场份额。芯片的设计和研发能力，是这场军备竞赛的决定性因素，因此，非常有力地促进了我国专用芯片设计产业的创新发展。

例如：比特大陆是一家自主设计和研发的高性能计算芯片企业，生产销售区块链硬件设备，并有矿池、云端挖矿平台及 AI 芯片。比特大陆区块链硬件设备的产生源于区块链的共识机制之一“POW（工作量证明机制）”，公司研发的区块链 POW 计算芯片处于国际领先地位，市场占有率位列国际第一。比特大陆的核心竞争力在于能设计出单位耗电量内，运算效率最高的挖矿芯片，并坚持在研发方面高投入并逐渐形成垄断竞争优势。同时，公司开始发展 AI 芯片业务，经过两次迭代，目前已达到国际一流水平。

嘉楠耘智的主营业务是专用集成电路（ASIC）芯片以及衍生设备的研发、设计及销售，并提供相应的系统解决方案和技术服务。其量产芯片的热密度超过每平方毫米 1 瓦，是目前顶级 GPU（Nvidia / AMD）和 CPU（Intel）通常热密度限制的 2 倍，且无可靠性问题。此外，嘉楠耘智发布了全球第一款量产人工智能芯片 KPU（Knowledge Processing Unit），该芯片卷积计算性能是目前主流 CPU 芯片（ARM）的 1000 倍。截至 2017 年 12 月底，嘉楠耘智累计售出基于 28nm 以及 16nm 技术芯片设备总算力约为 2000P，占同期公有区块链全网新增算力的 25% 以上，并且是台积电（全球最大晶圆代工厂）中国北方区最大客户。

2. 区块链计算中心成为主流，共享计算模式落地应用

由于全网算力难度的上升，个人充当记账节点的时代也早已在算力竞争愈演愈烈中宣告结束，区块链计算中心开始成为主流，它为整个区块链产业的发展提供算力资源。区块链计算中心主要由矿池组成，其最基本职能就是将个人的算力聚集起来参与竞争记账。在经历了激烈的竞争以后，矿池的垄断效应越来越明显，很多小的矿池已经在这场游戏中被淘汰。

另外，共享计算的新型云计算概念被迅雷公司提出，它是一种以区块链技术为基础，通过已授权的智能硬件设备记录、汇总社会普通家

庭中闲置的带宽、存储、计算等资源，并通过跨平台、低功耗的虚拟化技术，以及节点就近点对点访问的智能调度技术，提供实现更快、更易扩展、更环保的计算资源。通过基于此类智能硬件作为桥梁，可以把个体用户的闲置带宽、存储、算力等资源汇聚成能够为企业使用的优质资源，将企业和个人连接在一起，让个体用户的资源可以为企业所用。例如：迅雷在 2017 年推出中国首个共享计算场景下区块链应用——玩客奖励计划。通过玩客云智能硬件和区块链技术的结合，迅雷使共享经济业务规模实现跨越式增长，目前服务于上百家企业，有效降低了企业的运营成本，同时也改善了用户的互联网应用使用体验。截至 2017 年 12 月，迅雷通过共享计算为全社会节约了价值 15 亿元的带宽资源，相当于节省 6000 万度电，减少 50250 吨二氧化碳排放，预计这些数字在 2018 年还将显著提升，对于贯彻落实宽带网络提速降费、节能减排等有关国家战略作出积极贡献。截至 2018 年 4 月 16 日，迅雷通过玩客云与区块链技术构造可信任的共享计算生态，通过区块链技术促使共享经济模式形成规模化的商业应用，可以为全社会提供 150 多万个加速节点，超过 1500PB 的海量存储空间、30Tb/s 的储备带宽，可以满足企业对存储、网络加速、边缘计算、函数计算等各类需求，有效提升了社会资源的利用效率。

上海璧碚符木数据科技有限公司自主研发的 RRChain 基于区块链技术收集并利用个人电脑和智能终端的剩余算力。基于 RRChain 的算法特性，使得用户参与哈希计算的操作门槛可以降至最低。通过闲置的 CPU 进行包括哈希计算在内的各种运算，达到广泛吸引普通用户参与、广泛收集剩余算力的目的。收集起来的剩余算力可以用于科学研究、大数据分析、算法模型训练等不同领域。

三、区块链安全防护

1. 区块链面临的安全问题与应对措施

（1）底层代码的安全性

区块链项目（尤其是公有链）的一个特点是开源。通过开放源代码，来提高项目的可信性，也使更多的人可以参与进来。但源代码的开放也使得攻击者对于区块链系统的攻击变得更加容易。2016 年 10 月，国家互联网应急中心发布《开源软件源代码安全漏洞分析报告——区块链专题》，针对区块链领域的知名开源软件，结合漏洞扫描工具和人工审计的方式，在代码层面发现高危安全漏洞 746 个，中危漏洞 3497 个，数量较多的高危漏洞有不安全的随机数、不安全的 JNI、空指针解引用等。2018 年 3 月，慢雾安全团队披露了一起由于以太坊生态缺陷导致的亿级数字资产盗窃事件。攻击者利用以太坊节点 Geth/Parity RPC API 鉴权缺陷，恶意调用 eth_sendTransaction 盗取数字资产，持续时间长达两年。应对措施主要有两方面：一是使用专业的代码审计服务，二是了解安全编码规范，防患于未然。

（2）密码算法的安全性

以比特币为例，每个区块都对应一个散列值，采用 SHA256 算法计算得到。在现阶段，该算法依旧满足散列函数的三个特性，单向性、弱无碰撞性和强无碰撞性，是安全的。由于 SHA1 和 MD5 已经被密码学者找到碰撞，所以，不应选取这两个算法作为区块链中的散列算法。

比特币中的交易采用了椭圆曲线数字签名算法 ECDSA，确保了交易的完整性。比特币中的椭圆曲线采用的是 Koblitz 曲线（secp256k1）而非美国国家标准与技术研究院（NIST）推荐的 secp256r1。虽然当前并无证据，但有分析认为 secp256r1 有可能是被 NIST 选取的带后门的椭圆曲线，而比特币在无形中避开了这一风险[①]。

随着量子计算机的发展，越来越多的研究人员开始关注能够抵抗量子攻击的密码算法，如基于格的密码算法等。椭圆曲线密码并不能抵抗量子攻击，当对于密码的量子攻击在未来成为现实时，所有不能够抵抗量子攻击的密码算法都存在较大风险，需要被替换。不过，在比特币中，比特币地址是对公钥进行散列并使用 base58 编码后的结果，如果比特币资金存放在一个没有支出过的地址里，这意味着公钥尚未公开，则它们在量子计算机面前是安全的。

应对措施有：作为设计者，一是在设计时采用现阶段安全的密码算法，同时关注抗量子攻击的密码研究的进展，在其成熟后优先考虑使用；二是参考比特币对于公钥地址的处理方式，降低公钥泄露所带来的潜在的风险。作为用户，尤其是比特币用户，每次交易后的余额都采用新的地址进行存储，确保有比特币资金存储的地址的公钥不外泄。

（3）共识机制的安全性

当前的共识机制有工作量证明（Proof of Work，PoW）、权益证明（Proof of Stake，PoS）、授权权益证明（Delegated Proof of Stake，DPoS）、实用拜占庭容错（Practical Byzantine Fault Tolerance，PBFT）等。PoW 面临 51% 攻击问题。由于 PoW 依赖于算力，当攻击者具备算力优势时，找到新的区块的概率将会大于其他节点，这时其具备了撤销已经发生的交易的能力。需要说明的是，即便在这种情况下，攻击者也只能修改自己的交易而不能修改其他用户的交易（攻击者没有其他用户的私钥）。在 PoS 中，攻击者在持有超过 51% 的 Token 量时才能够攻击成功，这相对于 PoW 中的 51% 算力来说，更加困难。在 PBFT 中，恶意节点小于总节点的 1/3 时系统是安全的。

总的来说，任何共识机制都有其成立的条件，作为攻击者，还需要

① 参考资料：《中本聪的天才：比特币以意想不到的方式躲开了一些密码学子弹》。

考虑的是，一旦攻击成功，将会造成该系统的价值归零，这时攻击者除了破坏之外，并没有得到其他有价值的回报。对于区块链项目的设计者而言，应该了解清楚各个共识机制的优劣，从而选择出合适的共识机制或者根据场景需要，设计新的共识机制。

（4）智能合约的安全性

智能合约具备运行成本低、人为干预风险小等优势，但如果智能合约的设计存在问题，将有可能带来较大的损失。2016 年 6 月，以太坊最大众筹项目 The DAO 被攻击，黑客获得超过 350 万个以太币，后来导致以太坊分叉为 ETH 和 ETC。2017 年 11 月 7 日 Parity 多重签名合约漏洞导致 93 万个以太币永久丢失。

应对措施主要有两方面：一是对智能合约进行安全审计，二是遵循智能合约安全开发原则[①]。智能合约的安全开发原则有：对可能的错误有所准备，确保代码能够正确地处理出现的 bug 和漏洞；谨慎发布智能合约，做好功能测试与安全测试，充分考虑边界；保持智能合约的简洁；关注区块链威胁情报，并及时检查更新；清楚区块链的特性，如谨慎调用外部合约等。

（5）数字钱包的安全性

数字钱包主要存在三方面的安全隐患：第一，设计缺陷。2014 年底，某签报因一个严重的随机数问题（R 值重复）造成用户丢失数百枚数字资产。第二，数字钱包中包含恶意代码。2017 年，有网友使用某投资微信群推荐的钱包软件，导致数字资产丢失[②]。第三，电脑、手机丢失或损坏导致的丢失资产。应对措施主要有四个方面：一是确保私钥的随机性；二是在软件安装前进行散列值校验，确保数字钱包软件没有被篡改过；三是使用冷钱包；四是对私钥进行备份。

---

① 参考资料：《以太坊智能合约 —— 最佳安全开发指南》。

② 参考资料：《数字货币新手指南——教你如何识别恶意钱包软件》。

2. 区块链安全服务

针对目前区块链存在的底层代码、密码算法、共识机制、智能合约、数字钱包等安全问题，该领域也出现了一些提供安全服务的公司，它们主要通过技术手段、代码审计帮助客户解决各种区块链安全问题。

例如，成都链安科技有限公司对区块链智能合约进行形式化验证，开发了面向区块链智能合约安全性和功能正确性验证平台 VaaS。目前，VaaS 平台已支持主流区块链平台（如以太坊、EOS 等）智能合约的形式化验证，并且已与国内 10 多家区块链行业的知名企业建立了合作关系。VaaS 形式化验证平台，采用了多种形式化验证方法，具有验证效率高、自动化程度高、人工参与度低、易于使用、支持多个合约开发语言、可支持大容量区块链底层平台的形式化验证等优点。VaaS 提供了针对智能合约的形式化验证工具，极大提高了智能合约的安全性与可靠性。产品通过对合约代码进行严格的安全验证，杜绝逻辑漏洞，确保令约安全，在满足实际应用效率需求的同时，达到有效控制漏洞风险的目的。

再如，厦门慢雾科技有限公司，专注区块链生态安全，已经为全球多家知名区块链公司做了安全审计与防御部署，作为第三方审计单位审计了 200 多份以太坊智能合约，累计发现数十个高危、中危安全问题。区块链生态风控产品——恶意钱包地址库，涵盖钓鱼、勒索、盗窃三大类型的恶意钱包地址，涵盖多种区块链数字资产，同时提供 Python、NodeJS、Go、Java 等主流语言的 SDK，可灵活接入产品风控体系。依托慢雾的墨子系统及蜜罐分析技术，以及能够近实时监控、分析社交媒体上钓鱼信息的语义识别模块，再辅以其安全团队专业的筛选、判断，保证了数据的准确有效。此外，通过其广大的生态合作伙伴，还可实现恶意钱包信息共享。“慢雾区”区块链安全社群已累计辐射人数达 10 多万人，通过共享威胁情报、交流区块链安全技术，与众多的区块链从业人员一起共同努力为区块链生态安全添砖加瓦。

3. 量子技术发展带来的安全挑战和应对

量子计算机就是建立在量子实体（如光子、电子、原子、离子）基础上运行量子比特的计算机，由于量子计算机具有基于量子比特的并行处理信息的能力，理论上其计算能力随量子比特位数的增加呈指数级增加，因此相比经典计算机具有超级强大的计算能力。国际上，Google、IBM、微软等公司都投入了巨资研发量子计算机的硬件及软件，2017 年 IBM 公司宣布研制出具有 50 个量子比特的量子计算原型机，2018 年 Google 公司发布了 72 个量子比特的量子芯片，微软公司主要针对拓扑量子计算进行研发，2018 年宣布取得重大进展。国内也有多个科研机构及阿里巴巴、腾讯、百度等互联网公司在量子计算领域进行前沿研究。

量子计算机将会给现在使用的密码体系带来重大的安全威胁。区块链主要依赖椭圆曲线公钥加密算法生成数字签名来安全地交易，目前最常用的 ECDSA、RSA、DSA 等在理论上都不能承受量子攻击。根据理论预测，对于一定长度的基于非对称椭圆曲线加密算法 ECC 密钥，用目前超级计算机需要几十年才能破解的密码，如果采用具有数千个量子比特的量子计算机及 Shor 算法预计数十分钟就可以破解。可见，一些量子算法将对目前区块链所采用的公钥密码体系产生严重的威胁，必须提出应对量子计算的安全策略。

为了应对量子计算机给密码带来的安全威胁，目前主要可以采用基于抗量子计算密码和量子密钥的方法。抗量子计算密码的优势在于，将抗量子计算密码应用于互联网中不需要添加额外的硬件设备，特别是昂贵的量子硬件系统，有利于快速大规模普及应用。量子密钥的优势在于其具有更高的基于物理上的安全性，而目前主要的缺点在于需要基于相对昂贵的量子硬件系统，将来量子硬件设备会进一步集成化和降低成本，这将有利于量子密钥的广泛应用。在今后的实际应对策略中，可以根据具体应用的安全需求，将两种策略组合使用。

应对策略 1：采用抗量子计算密码。

量子计算机对一些特定数学问题可以极大地加速计算，但是目前看并没有对所有数学问题都具有加速作用，因此可以利用量子计算机不擅长的数学问题来进行抗量子计算加密算法的研发。国际上早在 2006 年就举行了抗量子计算密码研讨会，目前有多个被认为是抗量子计算的加密体制：基于 Hash 的密码、基于纠错码的密码、基于格的密码、基于多变量公钥密码等，这些加密方法被认为在足够长的密钥下可以抵抗经典与量子计算攻击。

目前，国外已经有区块链采用了抗量子计算密码加密算法，英国的抗量子账本（Quantum Resistant Ledger，www.theqrl.org）采用了能够抵抗量子计算攻击的加密算法。而抗量子计算密码如果要广泛应用还需要相关国际通用标准的制定，因为新算法必须要既能抵抗量子计算机的攻击又能抵抗传统经典计算机的攻击，需要进行深入研究。

抗量子计算密码本质上仍然是基于数学的安全，未来量子计算进一步发展也有可能突破某些数学难题，让部分抗量子计算密码不再安全。如果纯粹从安全性上考虑也存在一定风险，因此人们也在关注基于物理安全的量子密钥加密方式。

应对策略 2：采用量子密钥。

量子密钥分发（Quantum Key Distribution，QKD）是利用光子的量子性质而分配密钥的一种方式，通过这种方式产生的密钥可以不断地给用户提供新的随机密钥，而且这是来自于物理层的随机性。在量子密钥分发的过程中，并不直接将密钥通过信道传给对方，而是双方经过进一步协商后产生密钥，如果中间有人试图窃听，那么就会增加系统的误码率而被发现，通信双方就可以舍弃这一段不安全的密钥而协商新的随机密钥。相比基于数学算法的密钥，量子密钥是基于物理上的安全，因此即使运算能力强大的量子计算机也无法对其进行计算破解。1984 年 IBM 的科学家 Charles Bennett 及其合作者提出了首个量子密钥分发协议 BB84 协议，之后又发展出了 E91、B92、MDI-QKD 等协议。中国在这个领域后来居上，目前处于世界最领先的水平。2017 年，俄罗斯科学家将量子密钥分发技术应用于区块链的加密，并在实验上进行了成功的演示。

四、区块链行业服务机构

1. 区块链媒体及社区

随着区块链的火热以及产业规模的初步形成，行业内也涌现出了诸如起风财经、IT 桔子、深链财经、巴比特、火讯财经、火星财经、荣格财经、链得得、布络克财经、布络客、小雨智媒、大家区块链、三点钟社群、飞鸟社区等一批媒体及社区。IT 桔子的数据显示，截至 2018 年 3 月 31 日，区块链媒体及社区领域的新公司数量为 58 家，投资事件数量为 28 起，融资额多在数百万、千万乃至上亿级别。其中，仅 2018 年第一季度该领域就发生了 18 起投资事件，包括：火星财经、虎尔财经、链得得、巴比特等均拿到了投资。区块链媒体及社区也成为当季区块链产业的一个热门投资方向。

对于一个新赛道而言，投资人往往会先投资一家行业媒体，用来了解整个行业的信息，以及掌握一定的舆论权，这也是很多投资人会选择从投资媒体来入局区块链领域的原因。此外，由于整个区块链产业的价值凸显，财富聚集效应明显，因此在 2018 年有很多专业的传统媒体人相继进入区块链领域创业，财经、金融界等传统财经媒体开设区块链频道或专栏，这也让区块链相关的内容质量得到很大提升。

目前，区块链媒体及社区领域的创业，主要还是以行业新闻、快讯、深度报道、行情、数据、社区、社群等形式为主，与其他的媒体形式并没有本质差异。从商业模式来看，该领域的公司基本上还是以广告收入为主，另外会衍生出一些相关的培训、会务、评级、数据等增值服务，盈利模式也没有超出传统范畴。

随着入局者的增多，僧多粥少的局面很快就会出现。毕竟，媒体还是一门流量的生意，而现在很多区块链媒体的发展脉络大体一致，同质化严重。与此同时，整个区块链领域的发展也已经开始趋于理性，对于众多的区块链媒体入局者来说，洗牌期即将到来。最后市场上能够存活下来的区块链媒体及社区，一定是那些传播区块链正能量、真正为用户创造价值、具备独特优势的公司。

2. 投资机构

传统的主流投资机构在区块链领域，一度被称为“古典派”。但是，这些机构经历过多轮的经济周期洗礼，其专业能力仍在市场上具备很强的竞争力。实际上，像 IDG 资本、红杉资本中国、英诺天使基金、真格基金这几家主流投资机构很早就开始参与到区块链领域的投资，例如：IDG 资本早在 2012 年就开始布局区块链，其在国内投资了比特大陆、平安集团旗下的金融壹账通、水滴公司以及火星财经等。其中，像比特大陆、金融壹账通这两家公司均是独角兽公司；红杉资本中国投资了比特大陆、UGChain 等；英诺天使基金投资了网录科技、算力回收 RNNC 项目、一本区块链以及区块链投资学院等；真格基金投资了币世界、Ecom Chain 等。在国内的区块链投资领域，传统主流投资机构在专业能力和品牌方面依然具备很强的竞争优势。

与此同时，也出现一批新成立的 Token 投资机构，它们主要关注海外市场的区块链领域投资。根据 IT 桔子的数据，在 2017 年新成立的 46 家投资机构中，出现了 9 家专投区块链项目的新型投资机构，它们在新机构中占比近 20%。但是随着传统 VC 纷纷募集立足于海外市场的 Token 投资机构，那些新型的投资机构势必要面对更大的竞争压力。类似于 2017

年那种野蛮生长的投资状态已经结束了，行业开始趋于理性。

3. 行业组织和行业研究机构

区块链产业的发展和应用落地离不开行业组织的支持。据不完全统计，从 2015 年 12 月到 2017 年底，在国内成立的与区块链相关的联盟 / 协会已经达到了近20个[①]。涌现出了中国计算机学会区块链专委会、中关村区块链产业联盟、可信区块链联盟、中国电子学会区块链专委会、中国移动通信联合会国际区块链创新应用联盟、中国区块链研究联盟、北京区块链技术应用协会、浙江省区块链技术应用协会、深圳市区块链协会、金融区块链合作联盟（深圳）等一大批区块链组织机构。这些组织为行业内人士提供了一个专业的交流与合作平台，对于促进中国区块链产业健康发展和加快应用落地起到了巨大的推动作用。例如：

中国计算机学会区块链专委会，旨在团结、联合、组织区块链领域的专业人士开展学术交流活动，提高我国区块链领域的科研、教学及人才培养水平，促进区块链研究成果的应用和产业化，提升我国在国际区块链领域的学术影响力。

中关村区块链产业联盟发起设立于 2016 年 2 月，在中关村管委会指导下，由清华大学、北京大学、北京邮电大学、北京航空航天大学、中国信息通信研究院、中国移动研究院、中国联通研究院、微软、北京世纪互联宽带数据中心有限公司、点亮投资管理有限公司、布比（北京）网络技术有限公司等 50 多家单位自愿联合区块链产业相关单位发起成立。该联盟立足于区块链产业，聚焦区块链技术的标准化及产业化，推广区块链技术的研究和应用，在产业研究、政策建议、网络协议标准、专利体系、创业孵化、创新应用、国际合作方面开展积极探索。

可信区块链联盟由中国信通院牵头发起，旨在推动区块链基础核心

---

① 参考资料：《中国区块链行业发展报告 2018》，中国区块链应用研究中心。

技术研究和行业应用落地，加快可信区块链标准的更新迭代，支撑政府决策，促进区块链行业良性健康发展，提升我国区块链国际影响力。

为整合及协调金融区块链技术资源，形成金融区块链技术研究和应用探索的合力与协调机制，2016 年 5 月，微众银行联合深圳市金融科技协会、深证通等企业，牵头成立了金融区块链合作联盟（深圳）（简称：金链盟），目前金链盟成员单位已过百家，涵盖银行、基金、证券、保险、地方股权交易所、科技公司等多个行业，遍布 24 个城市。金链盟成员机构致力于金融区块链技术及应用探索，在云服务、数字资产、信用、场外股权市场、理财产品发行及交易、积分、保险、票据等领域展开研究，逐渐从理念走向实践应用。

基于大数据、智能与信息学科的交叉特征以及其在法学、信息技术、金融学方面应用的广阔前景，中国首家专注于大数据、区块链、监管科技为代表的金融科技政策法律研究和商业实践探索的科研实践机构——“法链实验室”成立。在科研学术方面，实验室从事监管科技前沿的原创性研究；在社会服务方面，实验室发挥自身的资源优势，同企业和政府建立紧密的联系，成为产学研协同发展中心，为政府、企业提供高质量的咨询服务。实验室凭借自身的前沿知识，致力于大数据的分析和应用，推动监管科技发展。

此外，由于区块链产业的高速发展，导致了人才短缺问题严重。因此，全国各地区的相关高校也在积极探索该领域的人才培养模式，为中国的区块链产业输送人才资源。例如：清华大学 iCenter、浙江大学软件学院、同济大学金融科技研究院、北邮在线区块链教育与研究中心、哈尔滨工业大学（深圳）、西安电子科技大学、深圳高等金融研究院等高校均在开设区块链相关课程。

随着各大高校或者机构的区块链人才培养模式的建立和完善，将会为中国的区块链产业源源不断地输送更多优秀人才。再加上区块链联盟 / 协会的推动，中国的区块链产业发展将会迈上一个新台阶。

第三章

区块链在金融领域应用发展情况

区块链的各类特性提供信任机制，具备改变金融基础架构的潜力，各类金融资产，如股权、债券、票据、仓单、基金份额等都可以被整合到区块链账本中，成为链上的数字资产，在区块链上进行存储、转移、交易。区块链技术的去中介化，能够降低交易成本，使金融交易更加便捷、直观、安全。区块链技术与金融业相结合，必然会创造出越来越多的业务模式、服务场景、业务流程和金融产品，从而对金融市场、金融机构、金融服务，以及金融业态发展带来更多影响。随着区块链技术的改进，以及区块链技术与其他金融科技的结合，区块链技术将逐步适应大规模金融场景的应用。下面对区块链技术在供应链金融、贸易金融（信用证、保函、福费廷、保理、票据）、征信、交易清算、积分共享、保险、证券等典型金融场景的应用展开梳理。

一、供应链金融

供应链金融是银行将核心企业和上下游企业联系在一起提供灵活运用的金融产品和服务的一种融资模式。供应链金融是一个新兴的、规模巨大的存量市场。前瞻产业研究院数据显示，2017 年中国供应链金融市场规模为 13 万亿元，这个数字预计在 2020 年增长至 15 万亿元。供应链金融能够为上游供应商注入资金，提高供应链的运营效率和整体竞争力，对于激活供应链条运转有重要意义。供应链金融的融资模式主要包括应收账款融资、保兑仓融资和融通仓融资等。其中，提供融资服务的主体包括银行、龙头企业、供应链公司，及服务商、B2B 平台等多方参与者。

供应链金融参与方主要包括：核心企业、中小企业、金融机构和第三方支持服务。其中，在供应链链条上下游中拥有较强议价能力的一方被称为核心企业，供应链金融上下游的融资服务通常围绕核心企业所展开。由于核心企业通常对上下游的供应商、经销商在定价、账期等方面要求苛刻，供应链中的中小企业常出现资金紧张、周转困难等情况，导致供应链效率大幅降低甚至停止运转。因此，供应链金融产业面临的核心问题是中小企业融资难、融资贵、成本高、周转效率低。供应链金融平台、核心企业系统交易本身的真实性难以验证，导致资金端风控成本居高不下。供应链中各个参与方之间的信息相互割裂，缺乏技术手段把供应链生态中的信息流、商流、物流和资金流打通，信息无法共享从而导致信任传导困难、流程手续繁杂、增信成本高昂，链上的各级数字资产更是无法实现拆分、传递和流传。世界银行报告显示，中国的中小微企业中有 4 成存在信贷困难或无法从正规金融体系获得外部融资的问题。小微企业自身受限于公司业务、资金和规模，存在抗风险能力低、财务数据不规范、企业信息缺乏透明度等问题，信用难以达到企业融资标准。另一方面，由于担保体系和社会信用体系发展落后，中小微企业获得贷款的可能性更低，利率更高。尤其对二级供应商经销商来说，他们未与核心企业直接建立业务往来关系，在申请银行融资时处于不利地位。

区块链技术可以实现供应链金融体系的信用穿透，为二级供应商分销商解决融资难、融资贵的问题。区块链在其中发挥两个作用，首先是核心企业确权过程，包括整个票据真实有效性的核对与确认；其次是证明债权凭证流转的真实有效性，保证债权凭证本身不能造假，实现信用打通，进而解决二级供应商的授信融资困境。在这个信任的生态中，核心企业的信用（票据、授信额度或应付款项确权）可以转化为数字权证，通过智能合约防范履约风险，使信用可沿供应链条有效传导，降低合作成本，提高履约效率。更为重要的是，当数字权证能够在链上被锚定后，通过智能合约还可以实现对上下游企业资金的拆分和流转，极大地提高了资金的转速，解决了中小企业融资难、融资贵的问题。

例如，腾讯区块链＋供应链金融解决方案致力于连接核心企业资产端及金融机构资金端，以源自核心企业的应收账款为底层资产，通过腾讯区块链技术实现债权凭证的转让拆分。其中，在原始资产登记上链时，通过对供应商的应收账款进行审核校验与确权，确认贸易关系真实有效，以保证上链资产的真实可信。债权凭证可基于供应链条进行层层拆分与流转，每层流转均可完整追溯登记上链的原始资产，以实现核心企业对多级供应商的信用穿透。此外，平台还与多家金融机构进行合作，提升资金配置效率、支持小微企业基于供应链进行融资，降低融资成本，支持实体经济。

再如，易见供链管理股份有限公司基于 Hyperledger Fabric 研发的区块链供应金融服务系统“易见区块”平台真实刻画贸易双方的交易背景，为金融机构提供贷前预审及贷后管理辅助功能。供应商在平台上发起融资需求，金融机构响应，核心企业确权，由易见区块提供平台服务，金融机构为供应商提供融资服务。有效扩大金融机构的低风险资金投放，提升供应商的资金周转率，降低融资成本，优化核心企业采购环境。区块链技术还可被应用于供应链金融的信息安全领域。易见区块解决了 ABS 投资人无法实时查看底层资产数据的问题。传统情况下，ABS 的底层资产时刻可能发生变化，但所有企业不可能无条件开放数据给其他人随时观看。易见区块保障了底层资产证券化后数据调用的安全问题，平台允许有权限的投资人通过 API 接口实时查看数据，并对他们的查看时间和频率进行记录，保证了信息安全。此外，易见区块利用区块链技术保障了金融仓储的在线回购业务的金额安全性，使出售和回购流程都可以在线完成，并保证有审计回查空间。截至 2018 年 3 月 31 日，易见区块系统已有 150 户企业用户，在线投放金额 21 亿元，涉及医药、化工、制造、大宗、物流、航空等多个领域。

再如，2018 年 2 月 6 日，金融壹账通推出区块链方案“壹账链”，覆盖交易额超 12 万亿，注册金融机构 800 余家，壹企银融资平台接入中小企业节点数近 17000 个。该方案借助全球首创的加密信息可授权式解密共享技术，可支持国密算法的异地快速一键部署；不仅能降低中小银行和金融机构获得高性能区块链底层设计服务的成本，也为监管部门创造了透明、高效的监管环境。在供应链金融场景方面，平安银行开发了核心企业应收账款服务平台，在区块链中记录应收账款确权、流转、融资、到期支付的全流程信息。利用区块链技术去鉴别供应链中的资产，实现资产信息链内公示并可追溯，不可篡改、不可删除。

2017 年 6 月，浙商银行基于趣链科技底层区块链平台 Hyperchain 开发的“应收款链平台”上线。该平台是利用区块链技术将企业应收账款转化为在线支付和融资工具，帮助企业去杠杆、降成本的一款创新金融科技产品。专门用于办理企业应收账款的签发、承兑、保兑、支付、转让、质押和兑付等业务。截至 2018 年 5 月，已有 600 多家企业入驻该平台，为其提供便利的支付和融资渠道。

二、贸易金融

中国银行业从整体资金规模、用户数量、市场份额等方面在国际上都有一席之地，但是在基础设施建设方面还有很多欠缺。比如银行间业务报文的传递还在依靠国际组织 Swift、EDI 等，这些国际组织控制了平台、数据、用户，尤其是与银行之间国际贸易、国际收支数据。

从 2017 年开始，部分国内银行已经开始思考建立银行间业务报文收发联盟的问题，着手打造自己基于区块链系统的贸易金融平台。通过贸易金融项下的区块链信用证、保函、福费廷、保理、票据，以联盟链的形式建立银行间报文交互网络，国内银行、境外分行、国际银行以平等、共享、自由的身份加入，同时可以利用区块链多方参与的特性邀请生态企业一起参与，国家官方机构如海关、税务、司法、工商也可以参与共建生态。生态一旦建成，不但可以解决银行间报文收发的问题，同时也可以帮助银行、监管机构识别贸易背景真实性，跟踪信贷风险，建立以中国银行业为基础的业务标准、报文标准、技术标准，让中国银行业在国际金融领域真正起到主导作用。

1. 信用证

传统信用证业务流程面临着信用证开立后大多以纸质形式传递，安全性低，校验难。银行间的信用证开立目前没有电子化渠道，多为信开，在发生信用证修改、到单、通知等情况时，没有直接信息交互通道。银行间国内信用证目前多使用 Swift MT799、MT999 或者二代支付的报文，MT799 与 MT999 不能支持中文，二代支付报文较短不能满足要求。

利用区块链技术建立链接多个买方行和卖方行的联盟链，实现真正意义上的电开，并做到准实时送达，链上主体通过相互授信建立头寸管理和轧差机制，实现信用证链上实时写入、实时读取，以及实时验证验押，从而降低票据、信用证的在途时间，加快资金周转速度。同时，信用证的变化可以实时被其他相关行或企业及第三方获取，可保证各方信息透明，确保相关方利益。通过区块链技术的引入，信用证信息可以在链上实现安全、快速、可追溯的传递，并且可支持中文报文，在国内信用证结算中可以取代 SWIFT，从而实现自主安全可控的国内信用证交换体系。

例如，2017 年 7 月，云象区块链助力中国民生银行推出了基于区块链的国内信用证信息传输系统（BCLC），改变了银行传统信用证业务模式。信用证的开立、通知、交单、承兑报文、付款报文各个环节均通过该系统实施，缩短了信用证及单据传输的时间，报文传输时间可达秒级，大幅提高了信用证业务处理效率，同时利用区块链的防篡改特性提高了信用证业务的安全性。具体来说，利用区块链技术结合信用证业务系统，建立起基于区块链技术的信用证信息和贸易单据电子化传输体系，实现了国内信用证电开代替信开。BCLC 将银行连接成一个网络，使得开证、通知、交单、承兑、付款的过程更加透明可追踪，各个节点都能看到整个信用证业务的办理流程和主要信息，比传统信用证业务更透明和高效，避免错误和欺诈的发生。目前，中信银行已与民生银行合作推出首个银行业国内信用证区块链应用。

再如，2017 年 9 月，苏宁金融牵头苏宁银行相关部门上线了区块链国内信用证信息传输系统，目前已开出国内信用证金额达 1.3 亿元。该系统采用 hyperledger fabric 联盟链技术，由中信银行、民生银行、苏宁银行组成，实现了严格合规、无需第三方、实时开证、全程加密的国内信用证线上开证、通知、交单、到单、承兑、付款、闭卷等功能。信息传递方面，区块链国内信用证联盟成员能够立即收取联盟链内开证单据，无需加入 SWIFT 或手工核押，有效解决苏宁银行外部信息交互难题。流通性方面，联盟内各行开立的国内证互认，拓宽了融资转让渠道。业务处理方面，单据电子化上传能够加快业务流程，审核信息的自动校验，减少操作风险。用户体验方面，区块链的防篡改特性提高了信用证业务的安全性，极大提升了用户体验水平，增强了苏宁银行的获客能力。

2. 保函

传统保函业务大多数流程需要人工参与，效率低导致银行人力成本高。保函安全性不高，存在造假的可能，遗失后补办困难，缺乏信任机制，索偿不便，受益人利益有时难以保障。保函相关方业务流程相互独立，存在信息不对等的情况。

建设保函业务区块链管理平台，吸引保函业务相关方加入，从招标开始、开具保函到保函撤销过程中关键信息生成区块保存在区块链中，联通业务相关方本来孤立的业务流程、所有业务信息都存储在区块链上，保证信息安全、透明、不可篡改。用区块链技术，可以实现信息共享，加快信息流通，减少信息不对等造成的风险；联通业务相关方的流程提升各方工作效率，有效降低成本；打造全新的保函业务应用模式。

例如，2017 年 9 月，趣链科技与兴业银行合作的基于区块链技术的投标保函申请系统上线，对传统投标保函在业务渠道、交互方式和底层技术上进行了创新，实现了投标保函业务的全流程在线操作和办理，在保障业务数据真实可信的同时提高了客户体验。

3. 福费廷

传统的福费廷业务流程中没有市场公开报价平台，交易报价依赖微信、QQ 等通讯工具，信息传递安全存在隐患，询价成本高、效率低。各类单据采用传真或邮寄方式，容易丢失，安全性较差。债权转让书和转让通知书以SWIFT报文、邮件、传真等方式确认，容易篡改，难以确认合法性。

利用区块链技术结合业务应用系统实现卖出行发布福费廷公告信息，信息内容包含信用证基础要素信息及卖出行联系方式等信息。每笔福费廷交易均可在联盟链上跟踪和追溯往来报文信息及区块信息。例如，建设银行浙江省分行与杭州联合银行合作，实现业内首笔跨行区块链福费廷交易，此笔业务借助区块链技术连接买入行、卖出行双方，通过在线询价、报价，发送电文、传输单据等功能，实现交易电子化，有效提升时效性、安全性、便捷性。截至 2018 年 1 月，建设银行区块链福费廷业务量已超过 20 亿元人民币，18 家境内分行和海外机构已开始使用区块链福费廷功能。

4. 保理

传统国际保理业务面临的问题主要是海外分支机构不是国际保理会

员，无法使用 EDI 系统进行报文信息交互，工作效率低、安全性较差、客户体验较差。发票、贷项清单等以纸质方式传递，安全性低、校验难。海外分支机构与国内分行没有信息交互渠道，只能通过 SWIFT 报文方式，时效性较差，且存在操作风险。

基于区块链技术的保理业务平台可以实现出口商或者出口保理商发送卖方信息或信用额度申请信息，包含初步信用额度申请或正式信用额度申请。进口保理商根据出口保理商发来的出口商信息进行初步信用额度或正式信用额度批复并且报价。出口保理商根据实际使用中的额度情况可发起信用额度调整申请，进口保理商收到申请后进行回复。出口商或出口保理商进行发票或贷项清单的转让信息登记或取消，进口保理商收到后发至进口商进行确认。进口保理商将进口商的付款或核准付款信息发送至出口保理商，出口保理商也可通过系统将间接付款信息发送至进口保理商。贸易过程中如有争议，进出口保理商均可发起争议或将争议情况通知及解决信息发送给对方。进口保理商可将冲销或应收反转让信息及保理佣金及其他费用信息发送给出口保理商。进出口保理商业务关系终止后，出口保理商可发起保理协议的磋商或终止信息。进出口保理商双方可互发汇款或其他自由格式的报文信息。

5. 票据

当前票据市场上，存在众多的票据掮客、中介，不透明、高杠杆错配、违规交易等现象并不少见，诱发多种风险。首先，从道德风险看，纸票中“一票多卖”、电票中“打款背书不同步”的现象时有发生，区块链技术不可篡改的特性能够有效防范上述问题。其次，从操作运营风险看，当前票据信息传递需要依赖中心化的服务系统，基于区块链技术架构建立的新型数字票据业务模式，可实现票据价值的去中心化传递，降低系统中心化带来的操作和运营风险。最后，从市场风险看，中介市场大量的资产错配不仅导致了自身损失，还捆绑了银行的利益。此外，当前的票据市场在信息交流上更多是单对单，容易导致信息的不对称和时效差，且操作方式各异，监管只能通过现场审核的方式来进行，对业务模式和流转缺乏全流程的快速审查、调阅手段。

票据是一种有价凭证，其在传递中一直需要隐藏的“第三方”角色来确保交易双方的安全可靠。借助区块链的可编程性，以及数据透明性，可有效控制参与者资产端和负债端的平衡，形成更真实的市场价格指数，从而更好地把控市场风险。通过区块链的信息记载和回溯，易于建立基于关键字或其他智能方式的信息检索和提醒，提升信息的有效性，并可借助其开放性的优势让信息更加快速传导至需求者，减少市场的信息不对称。由于区块链不需要中心化的服务器，系统的优化或变更不需要通过多个环节的时间跨度，对于现在依赖系统来办理业务的票据体系来说是极大优化，让经营的决策更加简单、直接和有效，提高整个票据市场的运作效率。基于区块链中智能合约的使用，利用可编程的特点在票据流转的同时，通过编辑程序可以控制价值的限定和流转方向。区块链数据前后相连构成的不可篡改的时间戳，使得监管的调阅成本大大降低，完全透明的数据管理体系也提供了可信任的追溯途径。同时，对于监管规则也可以在链条中通过编程来建立共用约束代码，实现监管政策全覆盖和控制①。

2018 年 1 月 25 日，根据中国人民银行总行的安排部署，由上海票据交易所、数字货币研究所牵头，中钞信用卡产业发展有限公司杭州区块链技术研究院（简称中钞区块链技术研究院）承接、会同 4 家商业银行（工商银行、中国银行、浦发银行、杭州银行）研发的“基于区块链技术的数字票据交易平台”实验性生产系统成功上线试运行。上午 9:30:07，第一张数字票据在上海票据交易所开出，票面金额为 16 万元，顺利完成签发、承兑、贴现和转贴现业务。该平台采用联盟链技术，央行、数字

① 参考资料：tiandiwuya:《区块链技术运用在票据领域 – 票据链》，CSDN 博客。

票据交易所、商业银行，以及其他参与机构以联盟链节点的形式经许可后接入数字票据网络。不同的节点在接入时可以根据角色不同和业务需求授予不同的链上操作权限，包括投票权限、记账权限和只读权限等。数字票据发行后以智能合约的形式登记在联盟链上，并在链上进行交易撮合。结算则通过数字票据交易所连接联盟链之外现有的基于账户的支付平台完成。数字票据交易所的主要角色是充当交易结算过程中的信任中介，交易撮合主要由商业银行和参与机构等各参与方基于联盟链的共享数据自行完成。在这个系统中，传统票据生命全周期的功能全部实现，包括：出票、背书转让、贴现、转贴现、托收等。该系统基于同态加密＋零知识证明，开发了一套隐私保护方案，支持信息在交易对手方可见、监管方具有看穿能力，并有强大灵活的监管隐私保护机制，实时获取当前进行的交易的详细信息，监控可疑或异常票据业务，并通过操作权限或系统参与方的准入权限等方面限制保证数字票据的金融安全。

三、征信

中国的征信行业未来市场规模将达千亿级，征信市场空间巨大，但目前整个行业征信数据形成孤岛，信息不能共享，无法产生更大的价值。在目前的征信机构中，无论资本市场信用评估机构、商业市场评估机构还是个人消费市场评估机构都需要进行数据的安全共享，同时需要降低金融风险和数据获取成本，促进整个行业健康安全发展。通过技术手段有效解决数据共享和存储面临的问题，更加清楚地了解用户画像有助于判断和决策，减少风险和降低成本，促进信息共享。以征信行业突出的黑名单共享业务场景制作为例，在跨领域、跨行业、跨机构的环境下，用传统的技术实现黑名单共享实现难度大且成本高，很难实现多方互信。同时，传统中心化的技术实现共享黑名单还存在信息容易被篡改、数据无法追溯，共享信息的真实性无法保证。传统技术实现共享黑名单很难做到数据在各个机构间准实时同步，存在数据一致性和实时性的问题。

利用区块链技术对接各个联盟机构黑名单业务系统建立联盟机构黑名单存证平台，将分散在各个征信机构间的黑名单数据整合在一起实现数据共享，建立良性循环实现系统自治。这种方案带来的好处是成本低，对现有系统改造小、平台布设成本低。数据可追溯，黑名单数据所有机构共享。数据实时同步，黑名单数据更新时效高，数据可用性高。通用性强，系统提供通用的 API 服务，可以对接各种银行和征信机构的应用系统。

例如，深交所针对区域性股权市场中介机构信息无法共享的需求痛点制定了《基于区块链的场外股权交易平台》课题，建设“中介机构征信链”，制订了区域股权市场的中介机构征信标准，将区块链作为改善中介机构数据真实性和精确性的技术手段，有助于中介机构减少欺诈、降低业务风险，更为重要的意义是打通了区域股权市场互联互通的路径。2017 年 11 月完成中介机构征信链正式发布上线，各股交中心已开展业务测试，可通过系统共享和查询链上中介机构信息。利用区块链技术的无中心化、不可篡改等特点实现股权市场之间的中介机构信息共享。中介机构征信链的联通和业务落地，是探索区域性股权市场互联互通的第一步，为未来区域性股权市场之间实现公告存证、登记存管等业务提供坚实基础，并为统一监管提供可能。

六合数字科技基于区块链技术传递信用，将区块链应用于中小企业主体的信用形成和交易环节的四流合一验证，解决中小企业评估难题，并与银行等金融机构形成联盟共识，通过区块链的分布式验证，共建信用识别和认定机制，帮助中小企业解决采购与融资难题。

苏宁金融于 2018 年 2 月上线金融行业区块链黑名单共享平台系统，

将金融机构的黑名单数据加密存储在区块链上，金融机构可通过独立部署节点接入联盟链，开展区块链黑名单数据上传和查询等业务。通过区块链技术，该平台实现了无运营机构的去中心化黑名单共享模式，解决了黑名单数据不公开、数据未集中、获取难度大等行业痛点，且成本低廉，有效降低了金融机构的运营成本，更保护了客户的隐私和金融机构的利益。

四、交易清算

在传统的交易模式中，记账过程是交易双方分别进行的，不仅要耗费大量人力物力，而且容易出现对账不一致的情况，影响结算效率。同时，传统清算业务环节太多，清算链条太长，导致清算流程耗时过长，对账成本居高不下。另外，清算中心过于集中，存在技术上的单点风险。

基于区块链技术可以实现准实时的交易（即清算功能），提升现有金融系统的清算结算效率。通过区块链系统，交易双方或多方可以共享一套可信、互认的账本，所有的交易清算结算记录全部在链可查，安全透明、不可篡改、可追溯，极大提升对账准确度和效率。通过搭载智能合约，还可以实现自动执行的交易清算结算，从而实现交易即清算，大大降低对账人员成本和差错率，极大地提高清算的效率，在某些交易频度不高、业务实时性关联度不强的场景下，完全可以满足清算业务的需求并且极大地优化现有的流程。

例如，微众银行设计了基于区块链的机构间对账平台，利用区块链技术将资金信息和交易信息等旁路上链，建立起公开透明的信任机制，优化了微众银行与合作行的对账流程，降低了合作行的人力和时间成本，提升了对账的时效性与准确度。通过基于区块链的机构间对账平台，机构间可共建透明互信的区块链账本，交易数据只需秒级即可完成同步，能快速生成准确可信的账目数据，从而实现了T+0日准实时对账、提高运营效率、降低运营成本、增强对账透明度与提升信任度等目标，且业务符合现有监管法规。自2016年8月底上线以来，上海华瑞银行、长沙银行、洛阳银行等相继加入使用，截至目前平台稳定运行1年多，始终保持零故障，记录的真实交易笔数已达千万量级。

五、积分共享

积分系统是指为银行/企业提供成熟的会员积分系统和丰富的会员积分卡系统服务，提供会员储值积分系统应用和会员积分卡营销解决方案。消费者在消费过程中会遇到各个银行、商家、机构等不同的积分系统。这些积分系统由于在各个组织内封闭、不能通用，造成了积分消费困难、利用率低。此外，各机构拥有自己的用户数据库，通过查询可以得知用户个人身份信息，无法对用户隐私进行保护。积分数据有被篡改风险，无法保证信息安全。各机构积分系统复杂，无法准确制定平衡的兑换比例。

基于区块链技术可以在各个企业之间建立一种不可篡改的信任登记机制，为不同积分的打通互换提供了可能，从而能够盘活积分，促使各家消费服务手段的升级，共同打造互信共赢的协同商圈。通过区块链搭建各个商家参与的积分联盟链，用户将联盟中不同商户内的自有积分，在区块链通用积分交易平台兑换成通用积分，即可用通用积分在联盟内任意商户进行消费结算。用户在系统内以账户地址形式存在，不同商户间无法获取用户信息。数据存于区块链中不可篡改，积分操作记录存于本地可被溯源，避免用户积分数据造假。商户自有体系内的积分可以通过兑换成通用积分流通起来，提升用户获取积分积极性。

例如，基于区块链技术，众安科技的极线平台在不透露用户信息的前提下实现了积分更多场景的使用，通过众安链路由技术与其他链上的积分进行跨链管理，从而形成积分联盟。众安科技基于区块链技术将原本商家和供应商的两套账本变成共同记录在同一个区块链上并且双方共用的同一套账本，双方数据互信，信息流和资金流同步，可以实现商家和供应商之间免对账，结算资金实时划拨。众安科技的极线平台，为有用户经营的商家提供了一整套积分发行和积分消耗的工具，帮助商家快速且低成本的搭建属于商家自己积分商城，让小微企业用积分经营用户变得简单、方便、成本低。目前极线平台已经和南方航空、积分豆、火堆公益等机构开展了区块链积分的合作。

中国银联借助IBM区块链技术打造跨行银行卡积分通兑平台，优化与各大银行的结算流程与配置，提高客户忠诚度。跨行积分兑换系统的打造可以解除积分使用的种种限制，但按照传统模式搭建该系统却成本极高。银联借助IBM Blockchain的分布式账本技术改变传统平台“管理信用”的方式，减少或去掉原来依赖第三方实现的信任过程以及成本，以期实现交易即结算。未来该平台将允许消费者与他人交易自己通过购物和其他奖励措施所获得的积分，通过开放银行间的激励机制以及增加可用的奖励种类来提升客户忠诚度。此概念原型由IBM超级账本Fabric网络beta版作为支撑，并且强调银行积分只能在被接受的合作伙伴之间进行交易。此举在大幅降低交易成本的同时，也将全面提升银行与商户的资本流动速率。

六、保险

在保险经营过程中，信用是基础，而传统的“社会信任”模式已经难以适应社会和经济发展的需要。保险标的是保险利益的载体，是保险合同的基础，也是经营管理的主要对象。"唯一性"是保险标的管理的基础和重点，也是保险承保和理赔定损的难点所在。每年全球艺术品和收藏品的伪造和诈骗行为给保险业带来20多亿美元的损失，传统技术手段难以防范。

在区块链的应用背景下，其分布式和加密技术特征，结合相关识别技术，可以为解决身份"唯一性困境"提供解决框架和实现路径，确保数据和信息真实可靠，有效溯源，为防范保险欺诈提供有力技术保障。利用区块链的时间戳和分布式特征，结合物联网技术，可以为时间和空间范畴内的保险唯一性解决提供全新的可能。同时，还可以打破时空的局限，实现基于区块链的跨时空的信息管理，为保险产品和服务创新，特别是场景化和碎片化的创新奠定基础，构建基于风险标的更加细化和动态的保险解决方案，实现个性化和高效的保险服务①。

蓝石科技与科技保险平台合作，利用大数据+区块链的底层技术，建立了针对非标人群的风险精算和风险管理平台。同时，与各地卫计委、三甲医院、专业医疗机构合作，接入了多地、多家医疗机构，建立了国内最大规模的、服务于保险场景的联盟链，获取了大量精准的医疗及费用数据，并基于对这些数据的精准分析，在国内首家推出癌症患者带癌投保的抗癌险，为65岁老人、慢病治疗人群等提供了多款差异化保险产品。在实际业务开展过程中，蓝石科技利用区块链技术，将保险产品信息及投保过程、流通过程、营销过程、理赔过程的信息进行整合并写入区块链，实现了全流程追溯、数据在交易各方之间公开透明，以及保险公司、保险机构、监管部门、消费者之间的信任共享，最终形成一个完整且流畅的信息流，取得了良好的社会效益和经济效益。截至2017年12月，付费用户已超80万，单月保费规模超过1000万，预计2018全年保费规模超5个亿。已经与多个区域的多个机构建立了业务合作，

---

① 参考资料：王和：《15000字长文详解保险区块链的十大典型场景构建与实践》，王和空间。

仅辽宁一地，就与40余家医院、200多家教育机构、近千家养老机构确定了合作关系。

2017年8月，信美人寿相互保险社上线国内保险业首个爱心救助账户，运用区块链技术记账，实现相互保险。信美会员遭遇重大灾害、意外事故等，在得到现有保障及援助（包括社会统筹保险、商业保险等）后仍生活困难的，还可以申请爱心救助账户的额外救助。引入区块链技术，每笔资金流向都公开透明，每笔资金流转数据都不可篡改，每笔资金的去处和用途都有迹可查，以确保爱心救助账户的透明性。

七、证券

作为资本市场的重要参与者，我国证券行业是资金直接融通的枢纽，对我国经济发展具有重要意义。在经济转型和产业升级背景下，证券业在服务实体经济、行业发展方面也面临新的机遇和挑战。首先，随着市场和产品的创新发展，证券审批领域的寻租腐败方式也更加多样。涉及证券市场的很多案件是通过结构化产品、股权代持、期权等较为隐蔽的手段进行利益输送。其次，在传统证券交易中，证券所有人发出的交易指令需要证券经纪人、资产托管人、中央银行和中央登记机构这四大机构依次进行处理，整个流程较为复杂，效率较低。最后，在资产证券化领域，传统模式下，ABS业务链条较长，包括基础资产的转让出表、基础资产的打包发行、为ABS提供财产担保等，其涉及的资产也较多，包括基础资产、担保资产、ABS份额等，面临着资产现金流管理有待完善、底层资产监管透明性和交易效率亟待提高等问题[①]。

① 参考资料：巴曙松：《区块链技术如何渗透到不同金融场景：现状与趋势》，搜狐网。

而区块链技术为我国证券行业的发展成熟创造了契机。在证券发行方面，一方面可以将证券发行、分配、交易等行为电子化，提升发行效率。在区块链平台上发行的智能证券，以数据形式存储其信息和运转状态，将各种金融工具和相关的合同协议进行建模，使得复杂的金融工具操作流程自动化，提升了发行效率。另一方面将减少信任成本。在信息披露方面，区块链的交易信息透明化可以实时暴露多种曲线敛财的违法行为。除了传统的信息披露外，可以通过区块链把 IPO 业务过程中的信息提供给市场参与者和监管部门，方便监管部门、社会中介机构便捷地对数据进行查询、比较、核验，进一步提升公司 IPO 的透明度。在证券清算与交收方面，区块链技术可以减少中介环节、简化结算流程。在美国从证券所有人处发出交易指令到登记机构确认这笔交易通常需要“T+3”天。而从技术上说，如果通过智能合约直接实现买方与卖方的自动配对并且自动实现结算和清算，整个过程仅需 10 分钟，可大大提高清算结算的效率，澳洲证券交易所（ASX）在 2017 年 12 月 7 日发布公告确定将开发基于区块链技术的清算和结算系统。

在资产证券化领域，基于区块链技术支持的 ABS 具有以下优势。第一，有利于改善 ABS 的现金流管理，一方面具有自动账本同步与审计功能，有效缓解信息不对称；第二，利用智能合约功能实现款项自动划拨、资产循环购买和自动收益分配等功能，降低人工成本与出错率，从而提升现金流的管理效率；第三，区块链技术可助推 ABS 底层资产穿透。区块链技术应用于 ABS 领域，可以提升 ABS 底层资产的真实性，从而穿透底层资产。这样能更有效地监督金融机构适度使用金融杠杆，合理地利用 ABS 手段。

趣链科技与德邦证券、复星恒利证券开展合作，共同探索基于区块链技术的 ABS 发行平台，旨在联合各方机构增强资产可信度、提高清算效率和贷后资产监管统计。利用区块链技术的可追溯、去中心化、安全信任等特点，实现资产包在不同机构平台间的流通和共同监管，实现资产来源的可视化，从而增强资产可信度，实现资产交易、还款记录可追溯，实现各机构平台交易数据统一，提高清算效率。

2017年2月，云象区块链助力兴业银行推出区块链防伪平台。区块链防伪平台是兴业银行利用区块链分布式高可用、公开透明、无法作弊、不可篡改、信息安全等技术特性，研发的一个高级别的通月存证、防伪平台，具有适用面广、接入简单、防伪防篡改能力强等优点。区块链防伪平台已提供了通用的数据防伪存证、数据验证、历史记录查询、数据查验、文件查验等功能模块，以及平台防伪服务相关API。

第四章

区块链在实体经济领域应用的探索与尝试

目前，区块链技术已开始在实体经济的很多领域实现落地应用。区块链具有分布式、不可篡改、可追溯等特性，在实体经济的改造中已经开始了广泛的探索并取得初步成效，区块链在实体经济产业场景中落地的模式和逻辑也日益清晰。接下来报告将从产品溯源、版权、数字身份等十五个领域介绍区块链在实体经济中应用场景及落地情况。

一、商品溯源

溯源是指对农产品、工业品等商品的生产、加工、运输、流通、零售等环节的追踪记录，通过产业链上下游的各方广泛参与来实现。在全球范围内，溯源服务应用最为广泛的领域是食品和药品溯源，这在保障食品安全、疾病防护等方面具有重要意义。例如，在地方爆发流行性疾病时，通过食品追溯体系可以快速锁定传染源或污染源，及时消除或控制疾病传播源。

目前，中国溯源产业仍处于早期发展阶段，主要受到国家政策驱动。2015 年，《国务院办公厅关于加快推进重要产品追溯体系建设的意见》鼓励在食用农产品、食品、药品、农业生产资料、特种设备、危险品、稀土产品等七个领域发展追溯服务产业，支持社会力量和资本投入追溯体系建设，培育创新创业新领域。

虽然食品、医药行业溯源得到了国家政策的大力支持，但由于中国经济水平仍在发展期，消费者的食品安全意识缺乏，中国溯源行业发展仍不完善，仍处在由国家政策驱动、企业被动执行的早期发展阶段。作为 SaaS（软件即服务）行业的细分领域之一，溯源服务市场具有市场规模小、短期增速缓慢、格局高度分散等特点。据深链评测统计，2016 年中国食品药品溯源行业市场规模约为 10 亿元人民币。

由于溯源行业尚处于早期发展阶段，行业内信任缺失和滥用的情况十分普遍。信息孤岛模式下，溯源链条上下游的参与者各自维护一份账本，拥有者可能出于利益相关而随意地对账本进行篡改或集中事后编造，造假成本极低。

区块链不可篡改、分布式存储等技术为溯源行业的信任缺失提供了解决方案，从算法层面为商品的信息流、物流和资金流提供透明机制。通过供应链上下游多方上链的记账方式，保证了即便存在单方账本伪造情况也难以找到全部链条节点来协作拟合其造假数据，使得造假成本大幅上升。此外，在商业的实际应用场景中使用区块链溯源技术能够为品牌背书，为企业带来额外收益，增强企业竞争力。

近几年，国内外多个企业积极探索区块链在溯源防伪、物流、供应链管理等场景中的应用，区块链技术正逐渐向传统供应链业务中渗透。

中国食品链联盟是由食品生产、食品加工、物流配送、公益事业和区块链研发等企事业单位及有关机构自愿组成的以“区块链为核心技术、食品服务为发展导向”的联盟组织。中国食品链基于区块链技术，从产品种植、生产、加工、包装、运输和销售等全流程进行追溯，并对企业和用户进行实名认证，一旦发现诈骗或者假冒商品，执法部门可以直接定位、取证、追责。例如，中国食品链开发的“链橙”系统利用区块链的公开透明、不可篡改的特点为赣橙提供溯源服务，提供了从田间到餐桌的可追溯查询系统，确保消费者购买的脐橙为正宗江西赣橙。

京东公司则致力于区块链打假、提供知识产权保护、区块链加速器项目，成立“京东品质溯源防伪联盟”，与工信部、农业部、国家质检总局等部门，运用区块链技术搭建“京东区块链防伪追溯平台”。平台将逐步通过联盟链的方式，实现线上线下零售的商品追溯与防伪，保护品牌和消费者的权益。

北京溯安链科技有限公司基于根源链，为高端白酒制作的基于区块链技术的防伪智能锁酒瓶盖，消费者通过扫描瓶盖上的二维码，从后台交互获取密码后才能打开酒瓶，同时后台对这瓶酒的打开进行记录，解决了回收酒瓶造假的痛点。与传统扫描二维码相比，基于区块链上的密码获取难度很高，且更难以造假。

此外，清华大学、沃尔玛、IBM 共同开展基于区块链技术的创新食品可追溯的合作项目实现了食品供应体系的全链条追溯，使数字产品信息（如原产地信息、工厂加工记录、检验报告、有效期、运输过程等）都与相应的食品建立数字化关联。信息的准确性和可信度大大提高，实现了所有食品供应链参与方共享交易记录，极大地促进食品供应链的参与方的彼此互联、互信与协作。以猪肉供应链追溯为例，通过区块链技术：第一，提高了供应链的透明度。食品安全相关文件电子化后可被分享，猪肉产品可以追溯到试点农场，生产日期、批次等信息一目了然；第二，验证了食品安全数字化存储平台的可靠性。授权用户能更新数据，更新后的数据会在 5 分钟内向区块链的所有用户显示；第三，实现了高效快速的食品召回。定位一批次的产品只需花费不到 10 秒钟，在半分钟内可以调出单个商品的相关文件；第四，实现了全链条可追溯。使用商品信息数据进行搜索时，只需要几秒钟就能显示出产品整个流通环节的信息。

在跨国溯源方面，中国区块链技术也已经逐步落地。例如，阿里巴巴集团的菜鸟物流与天猫国际布局区块链溯源领域，利用区块链技术跟踪、上传、查证跨境进口商品的物流全链路信息，涵盖工厂生产、海外仓库、国际运输、通关、报检、第三方检验等商品进口全流程，用户通过阿里系客户端能查阅到全流程的物流和监管等商品信息。多方上链机制允许消费者交叉印证各项信息。阿里巴巴规划将区块链溯源技术覆盖到全球 63 个国家和地区，3700 个品类，14500 个海外品牌。

除了保障食品药品安全外，利用区块链技术对产品溯源也能够优化物流管理环节，提升物流效率。物流是指从供应地向接收地的实体流动过程。根据实际需要，将运输、储存、装卸、搬运、包装、流通加工、配送、信息处理等基本功能实现有机结合。评价物流的效果指标主要包括：保证运输物品品质，在物流运输上提升效率，在耗时和里程上节约成本。

中国物流行业具有市场规模巨大、格局高度分散、物流效率低下的特点。中国物流行业是十万亿级别市场，正处于稳定上升期。公开资料显示，2017 年社会物流行业总费用为 11 万亿元，2010–2016 年的年复合增长率达 7.7%。然而中国物流行业整体运输效率低下，成本居高不下。物流费用与 GDP 的比值是衡量一个国家物流效率的重要指标。数据显示，2017 年中国物流费用与 GDP 比值为 14.9%，是欧美等发达国家的两倍。

管理不规范与信息不透明是物流行业效率低下的主要原因。物流行业缺乏统一的运输标准，中小物流企业缺乏有效的供应链管理手段，这导致货主和货车供需需求没有良好匹配、空车运输、多次转运、无效运输等情况十分常见，造成了极大的资源浪费。传统供应链管理采用 GPS 追踪系统，然而该模式存在信息造假和纬度不准确等问题。

利用区块链进行供应链管理则能够解决“信息孤岛问题”。通过增强信息化程度加强供应链上下游沟通，优化物流行业效率，同时品牌方也可实时查看运输状态，降低信任和管理成本。区块链的去中心化与供应链的多方协作十分契合，物流信息被存储在分布式账本中，信息公开透明可追溯，减少了低效缓慢和人为失误，同时也为企业优化物流管理提供了可信数据支撑。

对个人客户来说，由物流管理不到位造成的代收、错收、物品丢失等现象十分普遍且尚没有良好的解决方案。区块链的不对称加密技术可以保证寄件方和收件方的身份真实性，只有在收件方提供私钥后，物品方能被确认签收，避免了他人代签、不送到收件人手上、物品损坏丢失无法追责的可能性，实现精准物流管理。此外，也能避免物流公司篡改数据、销毁证据，为公平有效判定事故责任提供重要基础。

二、版权保护与交易

版权是指作者对计算机程序、文学著作、音乐影视作品等的复制权利的合法所有权。版权是知识产权的重要组成部分之一，包含自然科学、社会科学，以及文学、音乐、戏剧、绘画、雕塑、摄影、图片和电影摄影等多个领域的作品。

伴随产业升级，中国内容产业迎来黄金发展时期。据《2016–2017 中国数字出版产业年度报告》统计，2016 年我国数字出版产业市场规模为 5720.85 亿元，比 2015 年增长 29.9%。

工信部信息中心发布的《2018 年泛娱乐产业白皮书》指出，泛娱乐新兴业态百花齐放，步入全民创意大时代。行业平台新业态不断涌现，短视频、网游等泛娱乐产业细分领域“玩法”多元，行业融合发展迸发 OMO 新业态。

然而，内容产业的迅速繁荣也伴随着侵权问题。尽管国家先后出台知识产权保护的政策与法律法规，但盗版侵权现象仍屡禁不止。盗版作品为产权方带来巨大经济损失。据艾瑞统计，仅由盗版网络文学造成的经济损失每年可达 80 亿元人民币。

区块链与数字版权保护能够完美地结合，解决盗版横行的现状。首先在确权环节，现有机制下的专利申请流程耗时长、效率低下。区块链的分布式账本和时间戳技术使全网对知识产权所属权迅速达成共识成为可能，理论上可实现及时确权。不对称加密技术保证了版权的唯一性，时间戳技术保证了版权归属方，版权主可以方便快捷地完成确权这一流程，解决了传统确权机制低效的问题。

版权内容的价值流通体现在用权环节（即版权交易环节）。版权交易指作品版权中全部或部分经济权利，通过版权许可或版权转让的方式，以获取相应经济收入的交易行为。版权交易环节不仅保护了版权作品的价值和版权创作人的权益，还使版权价值凭借专业机构的开发推广、衍生和应用实现了价值流通。

另外，版权交易环节面临需求难以匹配，中间成本高的问题。以影视音乐行业为例，“中间渠道”——发行商在整个行业中占有很大话语权。例如，音乐作品若想投入市场必须通过唱片协议并依靠唱片公司来录制、分发，且被发行商分走大部分作品销售的利润。互联网数字媒体领域涌现了新的“中间商”——内容平台。诸如音乐平台 Spotify 和流媒体视频内容提供商 Netflix 等娱乐内容平台拥有大量用户，成为新的版权分销商，负责收取用户订阅费和广告费以及给创作人分成。中心化平台的存在使得艺人和创作者获得的分成比例仍然较低，现有格局并未发生本质化的改变。

区块链技术的出现则为行业带来转机。通过提供区块链公共平台来存储交易记录，版权方能够对版权内容进行加密，通过智能合约执行版权的交易流程，这个过程在条件触发时自动完成，无需中间商的介入，可以解决版权内容访问、分发和获利环节的问题，将版权交易环节透明化的同时也能帮助创造者获取最大收入。

例如，安妮股份开发的版权区块链系统采用联盟链形式，可以高效地处理各种数字作品品类（文字、图片、视频等）的版权业务，具备更加高效的业务数据吞吐能力，可达到实时业务处理的水平，使海量的互联网创作及时、低成本确权、快速交易流通成为可能。安妮版权区块链通过和 CA 数字认证服务、国家授时中心可信时间服务、司法鉴定中心等具有公信力的机构接入，提高了版权权属和授权的法律效力。如发生版权纠纷，相关机构或个人可以在任意区块链节点提取多个公信机构的多种证据证明，优化举证维权环节。安妮股份首先推出了基于区块链的版权存证服务，为海量数字内容版权存证提供解决方案。在数字作品存证功能上，安妮版权区块链首先通过对内容的数字摘要的计算和数字指纹提取上链，保证了内容的完整性与原创性；其次使用国家认可的数字证书机构颁发的证书提供数字签名，结合国家授时中心可信时间实现数字作品的存在性证明、权属证明、授权证明和侵权证据固定。区块链系统参与者采用完全的实名数字身份认证机制，并结合可信时间服务保证了作品的权属与存在时间。安妮版权区块链已经做到将用户的整个创作过程完整记录，在需要的时候可以作为法律证据提交，提升了原创性证明的法律证明力。

再比如，国家数字音像传播服务平台（版权云）基于无钥签名区块链技术的版权综合服务平台，在版权登记阶段利用无钥签名区块链技术对版权进行存在性证明。基于无钥签名区块链技术的中云文化大数据版权综合服务平台，能够为数字作品提供高效、简单、易操作、成本较低的版权登记服务。原有版权申请过程长达 30 个工作日，成本相对较高，以文字作品为例，每百字以下为 300 元，而一件美术作品收费则高达 800 元。而版权云数字版权登记平台提供了双证服务，即申请人通过平台上传作品 5 后秒即可获取数字版权存证证书之外，还可根据需求申请获得贵州省版权局的作品自愿登记证书。平台同时提供版权监测维权服务，通过全网实时监测、跟踪版权内容的传播记录数据，用大数据分析进行锁定为侵权维权提供证据支撑。

在版权交易环节，作品在线登记后可由权利人直接明码标价（标准授权或扩展授权价），在平台展示、交易，为供需搭建桥梁，促进版权更快变现。据统计，截至 2018 年 4 月份，版权云线下累计已完成 400 件作品登记，线上登记达到 13000 余件，版权登记数量呈高速增长态势。

在维权环节，现在面临着维权成本高、侵权者难以追溯等问题。借助区块链的不对称加密和时间戳技术，版权归属和交易环节清晰可追溯，版权方能够第一时间确权或找到侵权主体，为维权阶段举证。未来，如果数字产品都能够被记录上链，建立完整数字版权产品库，将能降低维权和清除盗版产品的成本。

例如，重庆小犀智能科技有限公司研发了小犀版权链，目前已对外提供商用业务，落地在版权端到端服务场景，支持版权确权、维权和用权三大环节。该公司组建小犀版权联盟，对接版权中心、公证处和版权协会等组织构建版权链平台，基于区块链技术，给个人和企业提供版权端到端服务，推动企业提高工作和业务效率。在维权环节中，小犀版权链针对侵权证据的海量检索，以及机器筛选等环节，应用爬虫和智能比对的人工智能技术，与区块链的侵权证据存证相结合，大幅降低侵权证据的工作效率，采集和确认侵权电子证据的存证成本。

三、电子证据存证

电子证据是指以数字形式存储的证据信息。例如电子合同、电子发票、电子文章、电子邮件等。区块链因其本身具备不可篡改、可追溯特征，极适合与电子存证相结合，存证也因此成为区块链应用的典型场景之一。

区块链技术在电子证据领域主要有两个应用优势：安全存证和提高取证效率。传统电子证据被存储在自有服务器或云服务器中，文件在备份、传输等过程中容易受损，导致证据不完整或遭到破坏。此外，除了加盖电子签名的电子合同具有不可篡改性，其他形式的数据和证据在被传输到云服务器的过程均有遭受攻击和篡改的风险，降低了电子证据可信度。

利用区块链技术存储电子证据可有效解决传统存证面临的安全问题。在电子证据生成时被赋予时间戳，电子证据存储固定时通过比对哈希值来验证数据完整性，在传输过程中采用不对称加密技术对电子证据进行加密保障传输安全，充分保障了证据真实性和安全性。

在取证环节，由于区块链存证方式为分布式存储，允许司法机构、仲裁机构、审计机构等多个节点在联盟链上共享电子证据，理论上可以实现秒级数据传输，降低取证的时间成本，优化仲裁流程，提高多方协作效率。

比如，真相科技基于自主区块链技术 legalXchain 开发的开放式平台——IP360 数据权益保护平台，可以对各类形态电子数据提供确权、云监测、区块链追踪溯源、云取证、司法通道、维权等服务。据统计，通过 IP360 技术手段发现互联网上超过 2000 万次的违法违规线索，并进行了超过百万次的违法违规现场证据固定，存证量突破千万级别。

再如，微众银行联合广州仲裁委、杭州亦笔科技三方共同研发了基于区块链的仲裁链。2018 年 2 月，广州仲裁委基于仲裁链出具了业内首个裁决书，这标志着区块链应用在司法领域的真正落地并完成价值验证。借助区块链技术，仲裁链将实时保全的数据通过智能合约形成证据链，满足证据真实性、合法性、关联性的要求，实现证据及审判的标准化，从而将传统数个月的仲裁流程缩短到 7 天左右，司法成本也降低至传统模式的 10%。

四、财务管理

区块链的不可篡改、加密等特性使得它在财务管理领域有较好的应用场景，接下来我们将对区块链在账目管理和审计两个领域中的应用进行介绍。

1. 凭证和账目管理

对账是指为了保证账簿记录的准确性而进行的账项核对工作，包括账证核对、账账核对、账实核对等。传统对账工作有如下特点：账目数量大、类别繁琐，对账流程需耗费数天人力，企业需要投入大量资金存储数据和维护账本系统。尤其对机构间对账来说，账目信息随着时间改变，而对账行为通常在日终或月底等固定时间进行，这为机构间合作带来了流动性管理的难度。另一方面，对账双方需要各自开发对账系统，缺乏统一的系统间账务信息，增加了银行间合作的复杂性。

区块链与分布式账本技术成为合作机构之间的连接器，由于其实时确认、数据不可篡改且保持高度一致等特性，极大地提高了中后台的运营效率、提升了流程自动化程度，并降低了经营成本。

2. 审计

审计是由专设机关（国家审计机关、会计师事务所及其人员等）依照法律对国家各级政府及金融机构、企业 / 事业组织的重大项目和财务收支进行事前、事后审查的独立性经济监督活动。审计通过评价财政和财务收支的真实性、合法性以及效益性，能够对企业管理和发展起到监督和改进的作用。区块链技术的分布式存储、共识机制等技术使得它在以下几方面能够优化传统审计行业。

首先，区块链能提高对企业财务信息的监督水平。虚假交易和账目欺诈是审计重点排查的问题之一，使用区块链记录交易和账目信息，录入链上的数据无法被篡改，且数据库的修改需要整个系统中多数节点确认才能实现，使得财务数据造假和欺诈难度大幅提升。

其次，区块链技术可以提高审计效率。一方面，通过区块链网络获取审计需求信息更加便捷容易，如果企业能够在区块链开放 API 数据接口，使审计请求实现分钟级甚至秒级响应，能够节省大量信息收集和整理时间，从而提高审计效率，同时，基于区块链的加密算法也解除了企业对数据隐私的担忧。另一方面，区块链技术的共识机制使所有数据在第一时间得到共同确认，保障数据的及时性和准确性。区块链审计平台也能够大幅提升数据真实性和完整度，省去大量询问和函证程序，从而提高审计效率，节约人力成本。

再次，区块链能显著降低审计数据被攻击的风险。传统的审计资料被存储在中心化的云服务器上，极易受到黑客攻击，导致文件丢失或者数据被篡改。而通过区块链技术将数据分布式存储，多个节点备份数据，即便单个节点遭到黑客攻击，也不会影响数据在全网的共识状态。并且，分布式存储也将降低硬件维护成本和数据库软件升级成本。

五、精准营销

数据营销是互联网和大数据时代的新型广告营销模式，包括搜索引擎广告、社交平台广告、视频平台广告和其他网站或应用平台广告等形式。其产业链上下游包括广告主、第三方广告平台、互联网媒体等。

目前，中国广告市场规模位于世界第二，正处于稳定增长期。国家工商总局数据显示，2016 年中国广告市场规模为 6489 亿元，同比增长 8.6%，高于 GDP 增速 1.9 个百分点。其中，数据营销的销售额占比不断提升。2016 年中国数字营销市场规模达到 2903 亿，同比增长 32.9%。这主要由移动互联网在中国快速发展所驱动。

数字营销行业常年存在虚假流量和广告欺诈等现象，导致广告主和广告代理商之间信任缺失。广告监测机构 AdMaster 指出，2017 年上半年无效流量占比为 29.6%，这其中包括虚假流量和广告欺诈。传统监测无效流量有两种方法：第一，依赖第三方的监测报告来鉴定投放效果。第二，通过深入分析广告各指标数据，排除掺水数据，然而排查和分析数据的过程需要消耗大量人力、物力。

区块链可以使广告点击数据变得更加透明，不再依赖第三方监测。区块链允许广告主清晰地追踪广告点击、观看和转化率等信息，并准确地判断广告触达用户是不是目标群体。这解决了数据营销行业的信任问题，使每一笔广告预算的花费公开透明，大幅节约企业营销成本，解决了广告行业虚假流量的问题。

例如，利欧数字与小米合作研发了数据营销链。针对程序化广告购买流程缺乏透明度这一问题，数据营销链通过建立流量买方、卖方、中间方和审计方的联盟链，从而将现有的单一数据中心分布式日志系统（HDFS）改造为跨数据中心的区块记账系统，对现有的互联网广告监听、出价、曝光、点击、后续行为日志进行分布式记录并对各个节点授权监督，从而解决传统数字营销行业的信任问题。

传统广告行业的另一个痛点是用户数据收集问题。广告主通常需要从各种渠道收集消费者的信息（例如年龄、地域、收入等）来精准定位目标客户。传统的数据收集需要耗费大量金钱和资源投入，获得的数据种类有限且很有可能存在谬误和偏差。另一方面，数据的采集渠道和方式可能侵犯了用户的隐私权。区块链可以很好地解决这一困境。通过搭建区块链数据交易平台，广告主可以直接从用户处收集他们愿意分享的信息，数据维度更加丰富、信息来源真实可靠、用户画像更加立体，帮助广告主提高广告投放转化率。对于用户来说，分享数据的行为可以获得奖励，并且自身的隐私权也能得到保护。

此外，从长期来看，区块链或将彻底改变数字营销行业的利益分配模式。传统数字营销行业中，中心化广告平台能够通过用户流量与数据获得巨额广告营收。例如，全球社交平台 Facebook2017 年第四季度来自于广告业务的营收为 127.79 亿美元，占据全部营收的 98.5%。然而对用户而言，广告消费了用户的注意力，或为广告主带来流量和价值，或需要用户付出时间成本（漫长的广告等待时间），或需要用户付出金钱成本（需要付费去除广告等）。

而区块链的 Token 激励机制有望颠覆现有营销行业，鼓励用户主动点击广告并获得收益，促使营销行业利益分配回归合理。现有状况下，奖励机制的缺失使用户对广告持有抵触心理。而如果能够对用户的广告点击行为进行 Token 奖励，一方面广告观看不再强制，减轻用户的抵触心理，提升用户体验；另一方面注意力消费的收益也由平台回归用户，变革数字营销行业的生产关系。

六、大数据交易

大数据是指大量、高速、多变的信息数据，这些数据必须借助计算机和非常规软件进行分析和统计。大数据包含传统意义上的数据表单以及视频、声音图片和文档等。

近年来随着大数据产业发展，大数据交易的价值愈发凸显。大数据的丰富为深入应用场景带来无限可能，是企业的核心竞争壁垒。大数据交易包含数据资源确权、开放、流通和交易等相关环节。数据的流通交易有助于商家精准营销，可用于定制生产，高效匹配供应链两端。

大数据按照数据形态可分为静态数据和动态数据。静态数据是基本保持稳定的数据，比如公司的名称和注册信息、人员的出生日期、系统参数等。相对地，动态数据是随着时间的推移常常变化的数据，比如销售额数据、网页浏览量等。

传统静态数据交易涉及隐私问题。诸如个人信息等静态数据往往涉及用户的隐私，目前很多数据交易在法律上属于灰色地带，买卖双方均要承担很大监管风险。此外，如果数据流入到黑市中被层层转卖，会造成更严重的隐私泄露和信息滥用的问题。

如果能使用区块链的隔离验证技术，将法律上可以售卖的数据进行隔离验证处理，既可以保障数据需求方的合法用途，又可以最大限度保护用户隐私。例如，对用户名字、身份证号等信息利用哈希算法加密，通过隔离验证来保障数据真实性。

另一方面，数据被盗卖的风险让数据拥有者分享数据的意愿大幅降低。数据的可复制性为数据侵权行为带来便利。大数据在多次转卖、盗卖的过程中价值锐减，损害了数据所有者的权益，同时也制约了大数据交易市场的规模和增速。

现有技术无法保证售卖数据不被复制以及二次传播，但利用区块链对数据溯源能够确认数据所有权和流转渠道，为侵权投诉阶段提供举证材料，提供更加可信的大数据交易环境。

七、工业

随着第四次工业革命的到来，以信息技术与制造技术融合为核心的智能制造、数字制造、网络制造等新型制造模式，对制造业未来的发展方向产生深远影响。传统的“串行制造”模式，正在通过数字化工厂技术，变成“并行制造”模式，而工业区块链技术的应用，能够在多方协同生产、工业互联网数据安全、工业资产数字化等多个方面促进制造业的转型升级，一个面向未来的分布式智能生产网络正在成为现实。区块链技术有望成为第四次工业革命的底层技术之一，而工业区块链与工业云的有机融合，将会极大地提升实体经济的运行效率，促进制造业的转型升级。

传统的工业互联网主要以“工业云”为载体，但这种巨型工业云方案无疑是非常昂贵的，它的基础设施和维护费用极高，需要中心化的云服务、大规模的服务器集群和网络设备来支撑。当工业互联网深度推进，生产单元中联网的人和设备以数十亿级别的速度增长时，它们之间要处理的通信量和成本消耗都是极其惊人的，而且出现一个故障点可能就会导致整个网络的崩溃。同时，不同的生产单元间存在多样化的所有权，各自支持的云服务架构多元化使它们之间的通信非常困难。没有一个云服务商可以服务于社会生产的所有单元，不同的云服务商也不会保证它们之间的互操作性和兼容性。

利用区块链技术将分布式智能生产网络改造成为一个云链混合的生产网络，有望比大部分采用中心化的工业云技术效率更高、响应更快、能耗更低。而生产中的跨组织数据互信全部通过区块链来完成，订单信息、操作信息和历史事务等全部记录在链上，分布式存储、不可篡改，所有产品的溯源和管理将更加安全便捷。

分布式智能生产网络中整个供应链上的交易流程全部由智能合约自动执行，可以解决工业生产中的账期不可控等问题，大幅提高经济运行效率。同时，通过区块链技术与数字化工厂技术的结合，可以为每一个物理世界的工业资产生成虚拟世界的“数字化双胞胎”，并进行确权和流转，完成工业资产的数字化，帮助重资产的制造企业实现轻资产扩张。

考虑到传统企业数字化水平较低，技术开发能力参差不齐，仅根据底层接口难以自行接入生产网络。所以在分布式智能生产网络的设计中，根据不同生产模式在链上提供多种既定构架的智能合约工业范式。

智能合约工业范式涵盖了该种生产模式下生产制造销售全环节的各智能合约构架。链上提供的多种智能合约范式可满足绝大多数生产模式的价值流转需求，各生产环节的制造者仅需对号入座，大幅降低使用者接入并使用生产网络的难度。目前已经开发完成了买卖合同、询价合同和竞标合同三种合约范式。

通过云链混合技术，将新零售和新制造有机结合，电商平台端和数字化工厂端采用中心化的工业云技术，而中间的订单信息传输和供应链清算结算通过工业区块链和智能合约来完成，既保证了效率和成本，又兼顾了公平和安全。每一种商品由数字化工厂提供，每一个样品都有“数字化双胞胎”，并且这些数字化双胞胎全部通过智能合约与产业链上下游相连，终端用户的一个订单确认，会触发整个产业链的迅速响应，全流程可实现数据流动自动化，助推制造业的转型升级。

这种全新的分布式制造模式，以用户创造为中心，使人人都有能力进行制造，参与到产品全生命周期当中，彻底改变传统制造业模式。分布式智能生产网络使产品设计、生产制造由原来的以生产商为主导逐渐转向以消费者为主导，消费者能够更早、更准确地参与到产品设计和制造过程中，并通过庞大的分布式网络对产品不断完善，使企业的产品更容易适应市场需求，并获得利润上的保证，企业的创新能力与研发实力均能获得大幅度提升，创新边界得以延伸①。

例如，工业区块链实验室与远嘉程、意利科技、转型工场等企业合作，将区块链技术应用于制造企业的数字化转型升级当中，通过独创的“云＋链”的混合结构方式，以及丰富的智能合约范式，将新零售和新制造打通，在全新的“分布式智能生产网络”中，设计者、生产者、消费者、销售者、服务者等角色能够以平等的身份接入，从流量端到制造端的信息能够被打通，同时可以通过区块链技术保证多方协作的数据互信。

目前已经有30多家数字化工厂服务企业在逐步将原有系统与分布式智能生产网络做对接，同时有超过1000名设计师逐步接入并基于系统进行工业设计，2000个线下流量终端帮助制造企业进行销售导流，借助远嘉程等数字化工厂服务商的行业资源，可以迅速触达超过500家工厂的改造项目，用新技术的力量帮助制造企业完成转型升级。

---

① 参考资料：阚雷:《工业区块链——分布式智能生产网络》，华尔街见闻，2018年1月26日。

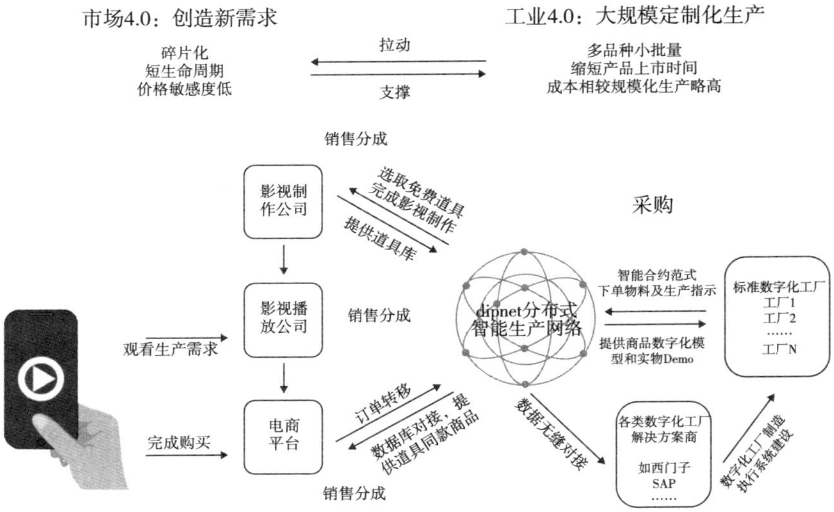

图 4-1　分布式智能生产网络

八、能源

伴随着能源革命和环保运动，能源行业正在向清洁化、分布式转型，呈现多能流互补的新型能源结构。自下而上的分布式能源体系将成为传统能源体系的有力补充。在这一过程中，区块链有望成为能源互联网基础设施重要的实现手段。

区块链技术可以结合能源行业分布式交易系统和清洁能源普及两大趋势广泛应用。针对能源生产环节，提高能源生产效率，降低管理成本，增加监测准确度；针对能源交易市场，为批发能源交易市场提供安全交易保障并降低沟通成本，为零售能源交易市场提供实时支付清算结算系统，推进清洁能源普及；针对能源行业投融资环节增加投融资渠道，降低投融资风险；针对能源行业的节能减排提高参与度，提供流动性，达到稳定气候变化的目的。

“区块链＋能源”项目具有广泛的应用场景，可分为以下几类具体应用：能源生产、能源交易、能源资产投融资和节能减排。

1. 能源生产

“区块链＋能源生产”是指通过区块链技术实现在生产环节对相应单元的计量、检测、运维等生产管理。传统能源生产环节多由公司自主进行，大量未经认证数据形成孤岛，信息价值难以被挖掘。通过区块链技术可以大幅降低政府、企业、个人在能源生产环节的进入门槛，在此基础上实现更灵活的商业模式。

作为强线下的应用场景，能源生产流通需要通过将区块链技术和硬件设备进行结合，打通数字世界和物理世界的隔阂。依靠物联网设备采集数据，保证数据流转真实，同时结合区块链大幅提升数据的可信度和安全性，为进一步应用打下基础。

2. 能源交易

“区块链＋能源交易”是指以区块链技术为手段提高交易效率与安全。先进的支付方式、更短的交易时长、零违约率等对于能源行业的资金流转和市场健康具有指导意义。能源交易分为两类：一类是批发能源交易，这类交易具有资金量大、交易周期长、依赖人力、风险较大的特点；另一类是零售能源交易，这类交易具有实时支付清算结算困难、清洁能源输出波动性大、需求响应实现困难等特点。针对批发能源交易市场、区块链及智能合约，保证资金安全、降低违约率。例如，通过贸易商之间部署的共享账本做出调整，直接在区块链上记录交易信息，使对方验证。这种模式使交易员无需各自存储数据，而是共享安全的媒介，保证储存的信息透明、精确、已验证。这个交易系统，可以提高交易效率，减少人工错误。

针对零售能源交易市场，分布式交易系统和带动清洁能源是两大特色，其中，分布式电能交易应用尤为广泛，利用区块链技术，搭建电力行业的微网、分布式交易系统和电动汽车充放电交易平台等多款应用，该系统使消费者变为“产消者”，既是能源消费者又是清洁能源的生产者。

上海链昱科技能源有限公司致力于实现基于区块链技术的微电网内清洁能源计量、登记、管理、交易与结算的去中心化系统。目前，链昱科技已在菲律宾成功落地试点项目，并着力开发东南亚市场，在不同的电力交易环境内打造更弹性、更公平的电力生态系统，以满足不同微电网内的电力需求。

3. 能源资产投融资

“区块链 + 能源资产投融资”指对能源行业资产的新型投融资方式。能源行业投融资具有投资回报稳定，但前期投入巨大、资产信息不透明的特点。基于更加透明的可追溯的区块链技术，增加资产细节，提高投资环节透明度，使得传统能源企业的优质资产获得更低成本的融资渠道，降低投资者风险以及政府的监管成本。

例如，2016 年中国能源区块链实验室（能链科技）推出绿色 ABS（资产证券化）云平台，基于联盟链登记电站发电机组、发电瓦数等基本情况，使电力资产生产过程清晰可见，回报收益可预测，在提供生产监测的同时保证信批透明及时，为电站解决了融资困境，为监管机构打造了穿透式管理，为投资人降低了投资风险。

此外，在环境容量与资源储备的双重限制下，可再生能源与节能减排成为环境保护两大重要利器。能链科技与深圳排放权交易所合作共同搭建“碳链”于 2016 年 12 月底落地应用。该项目建立了基于区块链的绿色碳减排资产（如 CCER）资产数字化交易平台，以增加企业参与度、激励企业加入节能减排、巩固环境保护成果。

九、医疗

区块链与医疗的结合，符合技术需要支撑纯数字信息技术之外的其他复杂应用场景落地的趋势，电子医疗数据的处理是当前区块链热点研究的领域之一。然而医疗数据共享的痛点主要在于患者敏感信息的隐私保护与多方机构对数据的安全共享。区块链作为一种多方维护、全量备份、信息安全的分布式记账技术，为医疗数据共享带来的创新思路将是一个很好的突破点。区块链无中心服务器的特性使得系统不会出现单点失效的情况，很好地维护系统稳定性。如图 4–2 所示，区块链在医疗领域的应用场景可以有以下四个方面，可以实现多方在区块链平台上对数据进行共享，满足获取患者历史数据、将共享数据用于建模和图像检索、辅助医生治疗和健康咨询等。

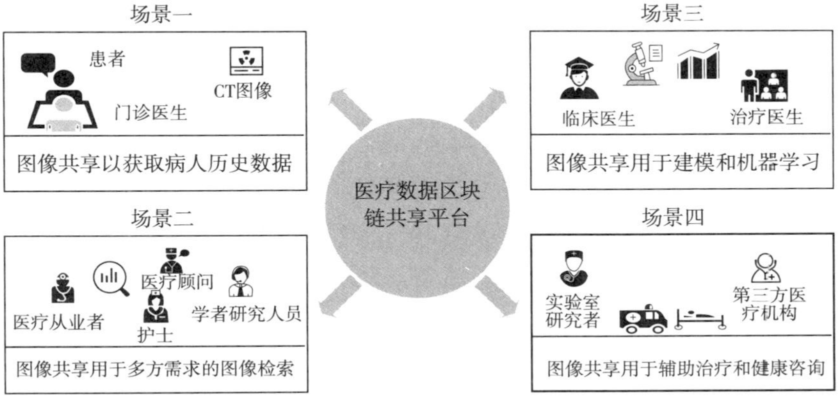

图 4–2　医疗数据区块链共享平台

1. 隐私保护层面：传输的医疗数据经过加密处理，安全地存储在区块中，难以篡改。所有的用户真实信息都是匿名的，难以追溯数据源头。还有在存储的数据形式和内容方面，可以根据数据共享类型的需要进行改变。例如对于图像类型的数据，可以将图像的特征作为加密的数据进行存储。

2. 访问控制层面：去中心化的点对点传输需要解决信任机制问题。医疗保险流程复杂、结算难、各个医疗机构之间存在访问壁垒、信息不流通的问题都可以通过区块链平台来解决。

患者在不同医疗机构之间的历史就医记录都可以上传到共享平台上，不同的数据提供者可以授权平台上的用户在其允许的渠道上对数据进行公开访问，例如第三方医疗机构就可以通过医院共享的患者数据对特定类型的疾病进行建模分析，从而达到更好地辅助决策和治疗的目的，或者利用大量的患者数据来研制新药。现有的区块链上的访问控制机制可以采用智能合约或者一些非对称加密算法来实现。利用智能合约的流程自动化，既降低了成本也解决了信任问题。

但是随着区块链技术的日益普及和发展，给医疗领域将带来显而易见的革新，医疗机构、制药厂、保险公司、社区、设备厂家、政府等都可以从中获利，医疗健康的数据可以更为安全、快捷地方式进行全网共享，更好地助力智慧医疗的发展。

例如，贵阳朗玛信息技术股份有限公司实践了适用于慢病管理场景的区块链技术：通过共识算法、智能合约，在统一网络中进行数据共享和管理。监管机构、医疗机构、第三方服务提供公司及患者本人均能够在一个受保护的生态中共享敏感信息，协同落实一体化慢病干预机制，确保疾病得到有效控制。朗玛信息帮助用户特有的身份信息创建独有的数字身份及相应的公私密钥，协助用户对个人数据授权来进行管理，不同机构（包括朗玛信息慢病管理机构）所搜集的用户数据将打包加密存储至各自的节点中，而各节点的身份管理池机制将确保用户身份数据的合法写入、不同用户账号体系间的互联互通及数据关联建立，包括身份管理、权限证明、授权管理等。所有参与机构在明确有调阅非本机构产生的用户数据需求时，经用户授权许可之后，通过密钥比对可获取用户相关实时的医疗健康信息，确保了用户的隐私安全，避免了传统医疗数据共享所带来的法律及伦理挑战。而监管机构无需再一一比对数据即可实时获取可信数据，掌握居民慢病管理整体状况，大大提升了监管效率。通过区块链技术，该项目提供了全新的分级诊疗就医体验，在保证用户隐私基础上，实现了慢病管理的全程共享、全程协同、全程干预。

药品溯源也是区块链在医疗领域的主要落地方向。例如，上海三链信息科技有限公司开发了基于区块链技术的医药溯源应用，主要落地在医药的溯源、追溯查询和医药溯源数据交易方面，解决了供应链上下游之间的信息不透明不对称以及企业间信息共享的难题。一方面，联盟链上存储的数据在获得各节点授权后，可针对医药供应链全链条数据进行统计分析，辅助计划策略的制定，简化采购流程，降低库存水平，优化物流运输网络规划，提供商品销售预测；另一方面，医药溯源数据交易市场构建了大数据交易平台，提供溯源数据交易流程和定价策略，促进各企业主体依据自己的安全和隐私要求对联盟内外的数据需求进行响应并完成交易。

十、数字身份

随着互联网的迅速发展，数字身份在各行各业中的应用变得越来越普遍。数字身份是计算机系统用于代表一个外部代理的实体信息，该实体可以是个人、企业或者政府等。通常，数字身份以存储在计算机中的人员信息与他们的社会身份相关联的方式使用。

数字身份现常被用于代表一个人在线活动所产生的全部信息（尤其是公开信息），并且这些信息可以被他人用来发现该人的公民身份，包括用户名和密码、在线搜索活动、出生日期、购买历史等。通俗地讲，数字身份是互联网场景中用于确认“你是谁”的一系列特征的组合。数字身份能为互联网提供更良好的信任环境，是全球金融交易数字化的重要基础。

然而，数字身份在实际应用中存在以下难点：首先，数字身份缺乏良好的信任环境，我们难以精确地确认是谁在网络上发出请求 / 做出行动。由于存在账户被盗用或多人操作同一个账户的情况，我们无法仅通过账号密码登录来确认这个行为背后的主体。

在数字身份验证环节，区块链技术能够大幅提升数字身份的可信度。个人数字身份信息分布存储在不同节点上，数据源记录不可被篡改。除非区块链网络达成一致的更改意见，否则区块链上实体的当前状态不能更改，保证了现有信息状态是实体身份的有效代表。另外，数字身份对应的实体持有私钥，授权过程中可以通过验证密钥来确定数字身份的真实性。

数字身份实际应用中面临的另一个问题是个人隐私与数据主权。例如，个体在各个网站填写个人信息建立数字身份时，数据被重复存储在各个网站中，一方面造成了资源浪费，另一方面使个人隐私无法得到保障。在上述情况下，个人信息数据被存储在第三方网站中而非属于个人，存在数据被滥用、盗用的可能性。

区块链可以解决数字身份中的数据主权与隐私问题。在验证环节，利用不对称加密技术，验证请求方无需原始数据，仅通过比对数字身份的哈希值即可完成身份验证，消除了个人隐私泄露的风险。此外，区块链可以消除由单方使用虚假信息的可能性，例如地址信息、电话号码等。这有助于防止身份盗用，消除了个人数字身份在不同场景使用时信息不一致的风险。

十一、物联网

物联网是指物物相连的互联网，它以计算机互联网技术为基础，通过射频设备、通信模组和智能芯片等技术实现物品自动识别和信息共享。物联网通过无线传输系统对物体信息进行数据采集、传输，形成大数据分析系统，可广泛应用在智能电网、智能家居、智慧交通、智能制造等多个物联网领域。

物联网是继计算机、互联网与移动通信网之后的又一次信息产业浪潮。自 2015 年以来，国家相继推出《中国制造 2025》《“互联网 +”行动指导意见》《智能制造工程实施指南》等政策，提出利用物联网等技术，推动跨地域、跨类型交通信息的互联互通，积极推广物联网在车联网等领域的智能化技术应用。在政策、技术双驱动的情况下，物联网成为了企业发展新动能。华为、联想、中兴等科技公司都将物联网作为主要战略方向之一。

目前，中国物联网产业已初具规模，工信部发布的信息通信行业发展规划物联网分册（2016–2020 年）指出，2015 年中国物联网市场规模为 7500 亿元，“十二五”年复合增长率为 25%，预计在 2020 年增长至 1.5 万亿元。公众网络机器到机器连接数超过 1 亿，占全球总量 31%，中国将成为全球最大市场。

尽管物联网已经有了多样的应用场景，但距离物联网技术发展成熟仍需解决以下问题：首先，受限于云服务和维护成本，物联网难以实现大规模商用。传统物联网实现物物通信是经由中心化的云服务器。该模式的弊端是，随着接入设备的增多，服务器面临的负载也更多，需要企业投入大量资金来维持物联网体系的正常运转。因此在过去的几十年中，“中心化的云服务器 + 小范围部署”是物联网主要的通信形式。然而，物联网技术为产业升级带来变革的前提是海量设备的入网。当接入设备达到数百亿或数千亿，云存储服务将带来巨额成本，阻碍物联网进一步发展。区块链可以解决物联网的规模化问题，以较低成本让数十亿、百亿的设备共享同一个网络。使用区块链技术的物联网体系通过多个节点参与验证，将全网达成的交易记录在分布式账本中，取代了中央服务器的作用。

此外，传统物联网设备极易遭受攻击，数据易受损失且维护费用高昂。物联网设备典型的信息安全风险问题包括：固件版本过低、缺少安全补丁、存在权限漏洞、设备有过多的网络端口、未加密的信息传输等。区块链的全网节点验证的共识机制、不对称加密技术以及数据分布式存储将大幅降低黑客攻击的风险。

例如，众享比特联合中国科学院深圳先进技术研究院共同建立的深圳众享互联科技有限公司，推动以区块链为代表的分布式网络技术在物联网、金融业等领域业务应用的研发及推广。众享互联与克莱沃合作提出分布式物联网安全解决方案——分布式智能配电信息安全系统（DIPS），由管理软件、安全加固型电源分配单元（PDU）和网络安全控制器构成。该系统采用安全通讯协议、动态加密隧道、多分片随机传输和双因子验证等技术手段，可以解决物联网架构络层中数据网关到中心/管理中心的数据传输安全问题。DIPS 通过分布式网络技术和加密技术重构管理端与 PDU 的通讯通道，保护管理端与 PDU 的通讯不被窃听、拦截和篡改，保证通信安全。在信息加密方面，通信双方通信前需要由 Zebra 节点云验证身份后建立通信关系，并基于 channel id 管理通信道，channel id 会定期更换。随后，命令信息经由接收方的公钥加密并利用自己的私

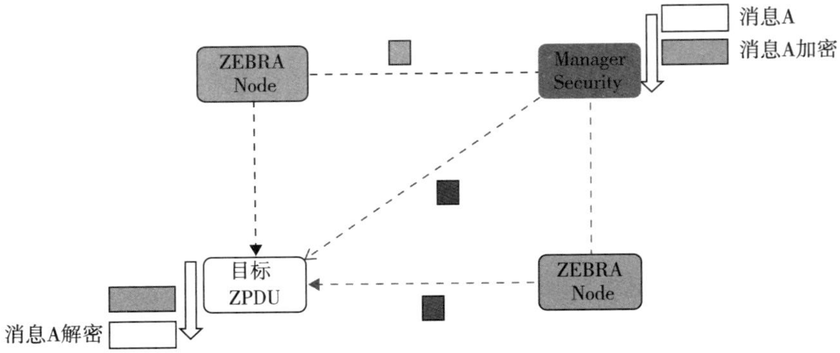

图 4-3 分布式智能配电信息安全系统（DIPS）示例

钥和 channel id 双重签名后发送。Zebra-Zebra 节点云验证 channel id 签名，接收方验证发送方的签名后再解密命令消息。在传输过程方面，数据信息随机经由不同的节点在动态可变的路径中传输，降低了被攻击的风险。

十二、公益

随着中国经济水平不断发展，人均可支配收入稳步提升，中国公益行业也迎来了快速发展期。据《2016 年度中国慈善捐助报告》统计，2016 年中国接收款物捐赠总额为 1392.94 亿元，占全国 GDP 的 0.19%，同比增长 25.65%。其中人均捐赠额为 100.74 元，较 2015 年增长 23.32%，在金额和增幅上均为历史新高。公益行业快速发展代表着中国经济社会环境发展走向健全，有益于解决社会问题，减小贫富差距。但是，慈善行业存在经常为人诟病低效和贪污腐败问题。区块链上存储的数据，高度可靠且不可篡改，天然适合应用在社会公益场景。公益流程中的相关信息，如募集明细、捐赠项目、受助人反馈、资金流向等，均可以存放于区块链上，在满足项目参与者隐私保护及其他相关法律法规要求的前提下，有条件地进行公开公示，方便公众和社会监督，助力社会公益的健康发展。

首先，区块链能够解决公益行业的信任缺失问题。公益行业的运作模式是捐赠者捐助财物到慈善机构，然后由慈善机构对善款进行分配。然而，善款的运作、流向等信息消费者无法准确掌握，即便慈善机构会定期披露详细的报告，但仍存在中心化和信任缺失的问题，话语权掌握在慈善机构手中，容易产生造假、贪污腐败等现象。例如，2011 年“郭美美事件”的爆发为中国慈善事业带来巨大信任危机，红十字会至今未能走出信任受损的困境。

区块链技术能够很好地解决慈善行业中信任缺失和信息不透明的问题。利用区块链追踪资金流转过程，捐赠者能清楚地了解善款的去向、钱是如何被使用的以及是否真正帮助到了需要帮助的人。另外，区块链不可篡改的特性使得无论是捐赠方、受赠方，还是慈善机构在区块链上登记相关信息都能够提升公益行业的透明度和三方的可靠性。例如，在扶贫领域，贵阳市政府针对扶贫对象识别不精确、扶贫资金挪用等现象，在现有大数据精准帮扶平台基础上建立扶贫区块链应用，利用区块链防篡改的特征对扶贫对象和扶贫干部进行指纹录入和确认，保证扶贫对象的精准识别。此外，扶贫区块链应用智能合约实现扶贫项目与资金的智能匹配，同时对资金流向进行全程溯源，保证扶贫资金不会被挪作他用，实现了对社会扶贫资金的帮扶效果监测与评估。

2016 年 7 月，蚂蚁金服与中华社会救助基金会合作，在支付宝爱心捐赠平台上将区块链技术应用于慈善项目“听障儿童重获新声”，使得每一笔善款可被全程追踪，公益账户也就变得透明而可信任。截至 2018 年 1 月 18 日，共有 2100 万支付宝用户向 831 个公益项目捐赠，捐赠金额 3.67 亿，捐赠人次 2.2 亿。

通过区块链溯源技术可帮助贫困人口在平台上售卖产品。买家以向贫困人群买相应的产品的方式增加贫困人群收入，间接达到扶贫效果。区块链技术能够证明这些钱是到了贫困户手中。例如，媒购电商销售扶贫合作社所生产的“怒江乡味”系列木瓜醋，结合区块链技术优势完善品牌定位，利用区块链不可篡改的特性，提升品牌的消费者认可度，提高产品附加值和销售收入，在中国交通建设集团及怒江州地方政府指导支持下，协助带动当地百余贫困户，落实电商脱贫致富。

此外，区块链能够打破信息孤岛，实现数据资源共享，提高公益事业效率。例如腾讯区块链落地“公益寻人链”，连接腾讯内外多个寻人平台，打破信息壁垒，实现各大公益平台的信息共享，大幅提升寻找走失儿童的协同效率。

十三、电子政务

电子政务是电子化的政府机关的信息服务和信息处理系统，通过计算机通信、互联网等技术对政府进行电子信息化改造，从而提高政务管理工作的效率以及政府部门依法行政的水平。

随着电子政务的进一步推进，政务数据不断积累，不同部门之间的数据打通对于提升政务管理工作效率显得至关重要。然而，电子政务实现数据共享存在着安全与效率的矛盾。

政务服务平台涉及大量人员、企业的敏感信息，且数据交互共享过程复杂，不仅易出现人为失误，还容易遭受黑客攻击导致信息泄露或存在内部人员泄密等情况。出于安全原因考虑，数据共享在现实情况下往往难以推进。

区块链技术则为跨级别、跨部门的数据互联互通提供了安全可信任的环境。区块链允许政府部门对访问方和访问数据进行自主授权，对数据调用行为进行记录、出现数据泄露事件时能够准确追责，大幅降低了电子政务数据共享的安全风险，提高执法效率。

例如，众享比特针对某省级财政厅下辖各地市信息系统应用数据共享，针对财政系统应用多、数据交互易出错、传统数据总线成本高、运维压力大等情况，利用区块链技术构建数据总线平台，在各下辖地市建设区块链节点组成联盟链体系，各类型应用通过区块链网络完成结构化数据的资源共享；对于非结构化数据，通过区块链存储其特征值，保证传输过程的安全可靠，且传统总线系统传输成本更低。此外，众享比特开发的株洲市政府区块链敏感数据审计平台，采用区块链技术记录敏感数据的操作，形成强审计的业务日志，能够根据操作历史行为进行溯源。

再比如，政务链利用区块链技术将政府机构、经济数据、金融交易等多个政务领域结合，开发了管理部门机构、智能合约和接口的多级权限管理系统，利用智能合约和智能法律使权限监控系统实现灵活定制，并且可自动跟踪访问权限的转移，从而安全地实现数据互联互通。

政务链与广州市南沙区政府展开区块链政务合作，用于处理政务区块链中不同生态系统的协同流程，实现科学决策、高效指挥，有效提升政务服务管理水平，同时推动政务服务的多部门资源共享，缩短流转办事时间，提高业务审批效率，实现精细化管理。

第五章

区块链产业发展趋势

一、区块链成为全球技术发展的前沿阵地，开辟国际竞争新赛道

区块链作为“价值互联网”的重要基础设施，正在引领全球新一轮技术变革和产业变革，正在成为技术创新和模式创新的“策源地”。引领全球新一轮技术变革和产业变革。目前，区块链逐渐成为“价值互联网”的重要基础设施，很多国家都开始积极拥抱区块链技术，开辟国际产业竞争新赛道，抢占新一轮产业创新的制高点，以强化国际竞争力，在区块链这一“新赛道”争取先发优势。根据 IBM 区块链发展报告数据显示，全球九成的政府正在规划区块链投资，并在 2018 年进入实质性阶段。美国作为区块链技术的前沿阵地，将区块链上升到“变革性技术”，成立国会区块链决策委员会，不断完善与区块链技术相关的公共政策。欧盟努力把欧洲打造成全球发展和投资区块链技术的领先地区，建立“欧盟区块链观测站及论坛”机制，加快研究国际级“区块链标准”，并为区块链项目提供资金，预计到 2020 年将为区块链项目提供资金金额将高达 3.4 亿欧元。韩国将区块链上升到国家级战略，全力构建区块链生态系统，推出“I-Korea 4.0 区块链”战略，计划在物流、能源等核心产业内开展试点项目。

随着全球区块链发展的政策、技术和应用环境不断优化，新兴信息技术的发展和应用不断加速，各国抢占未来前沿领域技术优势的力度空前加大，国际竞争将更加复杂和激烈。区块链技术带动经济和产业格局

的重大调整，将是发展中国家实现跨越式发展、在国际分工中占据有利地位的重大转折机遇。

中国区块链行业的技术创新正在经历着一个明显加速的过程，并且在一些相关技术上处于领先地位。目前我国已经具备较好的区块链产业发展基础，拥有广泛的区块链技术应用落地场景。下一阶段，将继续加快公链等价值互联网基础设施的建设进展，积极建设具有中国特色的区块链产业生态。

在下一轮国际竞争中，公链等区块链底层架构和基础设施具有较高的重要性，特别是服务于民生领域、公共安全等领域的区块链基础设施，对于保障社会食品药品安全、加快构建社会信用体系、增加人民群众的获得感有重要意义。因此，有必要由国家统一监管，建立一套公开透明、可溯源、信用可有效传递的基础设施，承载一系列社会性的分布式应用，为加快实现政务信息资源共享、提升政府和企业协同效率、推进国家治理能力和治理体系现代化、建设现代化经济体系奠定基础。

二、区块链领域成为创新创业的新热土，技术融合将拓展应用新空间

区块链在一定程度上解决了价值传输过程中完整性、真实性、唯一性的问题，降低了价值传输的风险，提高了传输的效率，实现了企业协作环节的信息化，这将催生大量创新合作场景，构建创新创业新生态。区块链技术将带动新一轮的创业创新浪潮，无论何种规模的公司，在区块链领域都有创新和突破的机会。2017 年中国独角兽企业共 164 家，其中有 32 家企业正研发或已经上线区块链的项目。随着区块链技术和市场

的快速成熟，涉足区块链技术的独角兽公司将会越来越多，逐渐形成清晰的战略思路，制定战略并积极开展投资布局和实验探索，更好地适应行业发展趋势。

同时，区块链与人工智能、物联网等新技术融合不断拓展技术应用新空间，进一步释放创新创业活力。人工智能的发展要以海量大数据为基础，区块链可以确保数据的安全性和可信性。二者一旦深度结合，就可以产生更多新的应用，创造安全的智能学习环境，创造具有更高的智能制造和智能管理水平的组织，提供更广泛的智能应用①。物联网的一大问题是安全性难以保障，而安全问题的核心缺陷是缺乏设备之间的相互信任机制，而区块链网络提供了共识机制，可以抵御单点失效等问题。同时，区块链点对点的互联传输数据方式，可以解决计算能力的问题。分布式的计算可以处理数以万计的交易，充分利用分布在不同位置的数据源，以及亿计闲置设备的计算力、存储容量和带宽，用于交易处理，大幅度降低计算和存储的成本。通过信息交换和通信，可以将各物联网设备产生的数据源上传到区块链网络中进行存储和信息共享。另外，区块链技术的智能合约可将每个智能设备编程可以自我维护调节的独立的网络节点，可在实现规定或植入的规则基础上执行与其他节点交换信息或核实身份等功能②。区块链使得在链上数据不可篡改，如果仅是单独使用，则无法解决数据可信的问题，但是如果搭配好物联网和人工智能技术，则可以在很大程度上提升上链信息的可信性，确保线下实物准确向线上映射，提升系统总体上的可信性，进而在更多的场景实现落地。

---

① 参考资料：福泽荣治 . 人工智能和区块链将颠覆世界 . 极客网，2018 年 3 月 29 日。

② 参考资料：建立数字新经济，要先搞清楚区块链与大数据、云计算、物联网及人工智能的关系 . 搜狐科技，2018 年 5 月 15 日。

三、区块链未来三年将在实体经济中广泛落地，成为数字中国建设的重要支撑

技术创新和金融创新只有和实体经济深度融合，推动实体经济发展，切实改变产业玩法、降低产业成本、提升产业效率、改善产业环境，创新的价值才能得以充分发挥。中国区块链产业生态发展迅猛，从区块链底层基础架构到细分领域的场景应用，从国家战略到企业实践，区块链技术受到广泛高度关注。随着越来越多的项目实际落地，整个产业开始进入一个应用加速落地的周期。当前，区块链技术落地的场景已从金融领域向实体经济领域延伸，覆盖了供应链金融、互助保险、清算和结算、资产交易等金融领域场景，也覆盖了商品溯源、版权保护、电子证据存证、电子政务等非金融领域场景。未来，区块链技术将继续加快在产业场景中的广泛应用，与实体经济产业深度融合，形成一批“产业区块链”项目，将会成为区块链技术的应用趋势。

未来三年将是传统行业与区块链更紧密融合的时期，随着区块链开始改变市场结构，企业将会关注到商业的变革，带有智能合约技术的新生态系统会被整合到现有行业中，新型的商业模式和监管服务模式将会涌现，社会企业数量将会大大增加。跨链技术将实现不同区块链之间，甚至区块链和传统 IT 系统之间的价值流转。结合区块链技术目前的发展速度和现有技术、市场、监管体系的成熟程度，可以预见区块链生态在三年之内将实现广泛落地，与具体产业场景深度相结合，创造出新模式，切实推动实体经济转型升级、提质增效。

区块链技术在实体经济中广泛落地，为实体产业“换道超车”直接实现“可信数字化”提供了机遇。利用区块链技术，结合物联网和工业互联网的进一步推广和普及，大量交易将由线下转向链上，企业的管理系统和机器设备的联网率也将显著提升，物理空间的实物资产也会被更

广泛地映射到网络空间，数字资产将成为企业资产的重要组成部分，实体产业的商业模式也将实现前所未有的深度变革，这将极大地加快我国数字化进程，为数字中国建设提供有力支撑。

四、区块链打造新型平台经济，开启共享经济新时代

平台经济是中国互联网经济发展的基础性创新模式，也是“互联网+”时代我国经济发展的新动能。平台的价值根源来自于平台用户，尤其早期的平台用户贡献了更大的价值。但是，目前平台经济更多地是“分享经济”，而非“共享经济”模式，平台的使用者与平台的所有者之间存在利益冲突的问题。

而区块链技术的应用有望使“分享经济”真正转变为“共享经济”。Token 作为一种技术要素，是区块链网络上的价值传输载体，其以流通效率为衡量基准，更深一层则是以影响力为衡量基准。借助 Token 体系，区块链平台能够将用户对平台或社区的贡献量化并自动结算，给予相应奖励，实现用户与互联网平台所有者共享平台价值的增值。

基于区块链的激励模式将推进分享经济向共享经济升级，并且这种新型平台经济也符合创新、协调、绿色、开放、共享的新发展理念，是一种更高层次的新型平台经济，即“社群经济”，打破社群发展瓶颈，使得互联网社群组织能够实现向经济组织的转变，形成一批具有独特竞争力的社群经济体。区块链借助分布式账本和智能合约技术大幅降低契约建立和执行的成本，打破信任障碍，实现去中介化，打造真正的共享经济，全面开启共享经济的全新时代。

五、区块链加速“可信数字化”进程，带动金融“脱虚向实”服务实体经济

目前，实体经济成本高、利润薄，中小微企业融资难、融资贵、融资慢等现象仍然存在，金融对实体经济支持仍显不足。这个现象背后的重要原因是，金融机构和实体企业之间还存在着较为严重的信息不对称，实体经济能够提供的信息，不足以支撑金融的投资决策。金融机构准确获取实体企业真实经营信息的难度较大，金融机构和实体企业建立信任的过程较为曲折，对中小微企业授信管理成本和风险溢价较高。因此，需要建立起确保实体产业经营信息向金融机构准确传递的机制，才能推动金融更好地为实体经济服务，实现脱虚向实。

利用区块链技术，可以实现“可信数字化”，进而实现实物流、信息流、资金流“三流融合”，则可以有效建立上述机制，解决资金脱实入虚的问题。实物流是指实体经济企业实际运行的情况；信息流是数据和信息；资金流则代表银行等金融机构的资金流转情况。目前，实物流并没有广泛转化为信息流，原因之一是很多实体经济企业，尤其是中小微企业并没有办法基于业务的数字化转型获得很大的实际收益，反而要承担信息泄露等一系列风险。所以一些企业业务的数字化转型相对迟滞，实物流向信息流的映射存在不完整、不全面、不系统的情况。金融出现脱实入虚的问题，原因之一也在于信息流不够强大，导致资金流和实物流出现脱节，实物流的准确情况无法传导给资金流，导致金融机构服务实体经济的基础不牢、风险较大。比如，个别中小微企业进行融资时，可能出现粉饰材料，甚至杜撰历史信息的情况。金融机构很难全面核查信息真实性，风险较大。

基于区块链系统，数据可以被有效地确权，且数据要被多方验证，同时不可篡改，基本上可以较为有效地保障数据的真实性，实现“可信

数字化”，为金融机构投资、贷款提供了大量可靠的基础信息，极大地降低了金融机构服务实体经济的风险。

同时，由于“上链”后的数据能够显著提升实体企业融资的便利性，实体经济会更加积极地推动业务的数字化转型，实物流向信息流的映射速度、广度和深度将急剧提升，进一步强化可信信息流，急剧拉近资金流和实物流的距离。金融部门和实体部门的关系变得前所未有的紧密，资金和实体的“触点”将大大增加，实体经济的融资方式也将变得多元化。此外，在这种模式下，也将给监管部门进行监管带来前所未有的便利和手段，有效实现穿透式监管、事中监管。最终，物理世界、数字世界与资金体系的高度连通，实现“三流融合”，进而使得金融和实体经济密不可分，不再出现资金在金融体系内空转的情况，实现脱虚向实的过程。

六、区块链监管和标准体系将进一步完善，产业发展基础继续夯实

随着区块链技术的成熟程度进一步增加，和产业结合更紧密，行业监管制度体系将进一步建设完善，以创造良好的发展环境，为产业区块链项目深入服务实体经济提供有力保障，一些违法违规的项目则将会受到严格监管。

区块链的不可篡改、可追溯、公开透明的特性，反而更易于监管接入，获得更加全面实时的监管数据。例如，监管部门可以在链内设一个监管节点，这个监管节点具有全权限，可以查看到账本上的全部数据（其他节点只能经授权看到有关的数据）。但是监管节点也并非可以随意查看数据。如需查看数据，需要得到其他全部或大部分节点的授权。要

得到这种授权，实际上要履行一些线下的监管程序，比如发监管函等，这样有力保障了依法监管、依程序监管，利用好区块链系统，可以大大降低穿透式监管成本。

区块链本身的分布式、不可篡改、公开透明等特性可以有效地提升穿透式监管的实施效率。分布式可以使区块链项目方在不同监管机构使用同一套监管规定，也能使不同的监管机构共同享用一个数据账本。不可篡改又保证了数据的可追踪性，使监管能够对历史数据进行调阅，实现监管政策全面覆盖。同时，监管机构也能将自己的规定写进智能合约，实现智能监管。这对于监管者来说节省成本，对于项目方来说，一个透明、规则明确的监管环境有利于行业健康发展。

随着区块链技术的深入发展，区块链标准将逐步完善，这对构建和完善区块链产业生态，促进区块链技术场景落地具有积极的推动作用。区块链标准能够帮助加快各行业对区块链认识趋于一致，形成对于区块链应用的“社会共识”，有效打通应用通道，防范安全风险，加快在跨产业的生态系统中实现价值共享，有助于社会级区块链大型生态系统的形成。并激发更多技术创新，降低技术和穿透式监管成本，加快区块链系统的实施。

目前我国区块链标准化工作已经具备良好基础，未来一段时间区块链标准化将进入关键的发展时期，标准研制等工作将加快进程，在基础标准和通用技术标准等方面，将有更多研制成果出现。为我国在国际区块链标准化领域发挥关键作用、打下坚实基础。此外，值得注意的是，超级账本等区块链相关国际开源项目影响力日益增强，开源社区对技术路线的引领作用有所强化，也可能会形成事实标准，开源的研发环境对于加速技术进步、降低单个公司的研发成本、保障数据标准统一共享有重要意义，也是我国对外交往的重要平台。我国程序员和企业与开源社区长期保持了良好的交互，存在较大贡献，体现了我国创新大国的地位。未来，随着我国区块链产业创新水平的不断强化，对于开源社区的支持力度继续提升，增强在区块链发展过程中的贡献度、在区块链领域的权威性以及话语权，推动底层技术加速进步，为区块链技术在更多实体经济场景落地打下坚实基础。

附件一

区块链产业法律政策和标准概述

一、对区块链技术创新的法律保护

由于区块链技术潜在的巨大应用前景，该技术本身也就自然而然地产生了无可比拟的价值，因此，对区块链技术的保护也就成为了保障区块链产业发展的必要条件。区块链的本质可以认为是一种，或者说一类，计算机技术。要考虑对区块链技术的法律保护就应该将其抽象为计算机技术，进而探讨具体的保护措施。

首先，计算机技术的保护必然涉及的一个方面，即是专利权的保护。我国法律中的专利权指的是发明、实用新型，及外观设计的权利人依据其专利申请而取得的权利。目前，我国的区块链专利总数已经领先全球。也就是说，我国领域内对于区块链技术保护的很大一部分是通过发明人对其所有的区块链技术进行专利申请而进行的。但是，由于我国现有的专利法的制定已经是十年前，即2008年完成的。因此其中难免有不适应当前实践中区块链技术保护的部分。如我国专利法中明确指出：发明的保护范围要以权利人提出的权利要求的内容为准。也就是说，如果区块链技术的所有人未对技术的内容做出明确的列举式的权利保护要求的话，就可能产生合法权益丧失法律保护的可能性。然而区块链技术作为一项应用场景极广的底层技术，要对其可能潜在的一切权利保护内容都做出列举式的说明的话，具有一定的困难，可能会增加专利人的权利保护成本，不利于相关权利的保护。因此，如果考虑以专利的形式对区块链技术进行法律保护，就必然要求我国专利法依据现有的实践做出一定的调整或有效的解释，从而能够实现对区块链技术最为全面且有效的保护。

其次，可以考虑对区块链技术作为商业秘密的保护。商业秘密一般指的是不为公众所知悉、具有商业价值并经权利人采取相应保密措施的技术信息和经营信息。当某项区块链技术被发明后，并未经权利人公之于众或在应用过程中无法为他人反向破解而获得等情况下，即可以考虑以商业秘密而对其进行保护。然而，目前我国并未有针对商业秘密进行专门保护的法律，现有的涉及商业秘密保护的法律零散地分布于我国《反不正当竞争法》《劳动法》等法律中，未形成一个有效的保护体系。尽管我国《民法总则》明确地将“商业秘密”纳入了我国民事主体享有的知识产权的范围内，但是系统的法律保护却仍然缺位。因此，如果要考虑将区块链技术作为商业秘密进行保护，则以商业秘密为核心内容的法律体系的完善就迫在眉睫了。

最后，区块链技术的刑法保护。刑法的后置法、保障法的地位决定了其对各类严重侵害法益的行为的规制都应当是置于最后的，即当其他法律无法实现对社会关系的有效保护，无法使得被破坏的法益恢复原状时，则由刑法补位发挥作用。若区块链技术被作为专利或商业秘密等模式进行的法律保护不足以实现有效的保护效果，产生了严重侵害区块链技术所有人权益的情况时，刑法则可以考虑以第二百一十六条“假冒专利罪”、第二百八十五条“非法侵入计算机信息系统罪”“非法获取计算机信息系统数据、非法控制计算机信息系统罪”、第二百八十六条“破坏计算机信息系统罪”等罪名实现对区块链技术的保护。

二、智能合约的法律问题

智能合约是由事件驱动的、具有状态的、获得多方承认的、运行在区块链之上的且能够根据预设条件自动处理资产的程序，智能合约最大的优势是利用程序算法替代人为仲裁和执行合同。本质上讲，智能合约是一段程序，且具有数据透明、不可篡改、永久运行等特性。

智能合约无须中间媒介即可在合同主体之间直接交易，是一种基于算法的自动执行的合约。智能合约以效率性为突出优点，区块链技术能最大限度地保障交易透明性并保护当事人隐私。智能合约由计算机预设，相较于人的订约，智能合约中语言误解的几率更低。

Werback Kevin and Cornell Nicolas 在“Contracts Ex Machina”一文中提到，现代合同法以客观标准评价要约承诺，以相对人的合理信赖或权利外观为基点，所以智能合约也是一种意思表示的合致，应当视为一种合同。

梅臻、康雅丽发表于上海立信会计金融学院学报 2017 年第 4 期的《区块链技术在金融领域的应用与法律思考》一文指出，基于区块链技术产生的智能合约将会改变现行合同法的规则，智能合约的意思表示方式与现行合同法中合同各方订立意思表示的方式会有极大的差异，在什么样的情况下可以认定为意思表示一致、合意达成等问题需要合同法对其进行明确。另外，智能合约可以自动执行，或者可以说取代了人的履行契约的行为，那么现行合同法下契约履行的相关规定或许已经不能适应智能合约的需求，合同法的规则可能要进行改变，甚至重塑。

中国政法大学民商经济法学院民法研究所金晶发表于《欧洲研究》2017 年第 6 期的《数字时代经典合同法的力量——以欧盟数字单一市场政策为背景》一文认为，自动执行构成智能合约和其他电子协议的区别在于，人可以从外部干预电子合同的执行，但是，智能合约的完整执行过程具有不可变更性，一旦订立智能合约，机器的独立执行就不可撤回。智能合约无须法律执行，从封闭的自执行角度而言，智能合约类似“完全合同”，这与传统合同法的“不完全合同理论”相悖。智能合约的订立难以套用传统的要约承诺机制，但可以考虑适用以履行行为订约规则。换言之，一旦满足预定要件，合同自动执行，合同自执行之时订立。在顺利执行的情形下，智能合约极具效率，但一旦出现不履行情形，智能合约能否继续执行，能否进行外部决策并施加干预，则成为技术难点，需要在计算机代码设计时嵌入相应的外部干预程序。除了封闭自执行特性之外，区块链技术使得智能合约当事人具有匿名性，合同当事人无法知晓对方。在匿名情形下，难以依据传统法律救济手段解决违约问题，甚至作为自执行系统，智能合约并无传统法律意义上的中止，这在一定程度上消解了传统合同救济体系。鉴于智能合约完全摒弃了合同救济、合同争议的法律执行、合同语言的解释、合同不完整性等经典理论或规则，智能合约或许名不符实，智能合约并非真正的合同，将之理解为协议的一套履行机制或执行程序，更符合事实，也更能解决相关争议。

结合智能合约实操步骤，我们认为任何一项智能合约的签署，合同当事人均需要在智能合约架构设计前协商，并由计算机专家将主要合同架构转换为代码并设计算法，待到条件触发自动执行，也即合同履行成本从执行转移到了交易架构的设计环节。智能合约架构设计执行的内容其实就合同当事人的合意，对一执行事项，便不能再认为是合同本身，其实质只是关于合同的一道不可变更的程序与计算机指令而已。它让合同履行实现自治，一旦启动就会执行整个过程，包括发起人在内的任何人都没有能力干预智能合约最显著的技术特征为自动执行性。其次，智能合约无需法院、仲裁机构等中间方督促合约的执行，也不会因为合约双方对合约条款有不同的理解而需解释条款内容，其具有自足性和稳定性。自足性使合约的执行既无需法律规则的规制，又无需执行机构的介入，排除了跨境交易中各国法律、语言、政治经济政策的差异，便捷跨境交易。稳定性排除了不可预见地解释合约条款对执行合约的影响，因为对传统合同条款的解释会受到人们思维方式和语言习惯的影响，而能被计算机识别的程序语言相较于文字语言更为清晰和稳定。除上述便利之外，智能合约背后关于合同成立、生效、无效等法学理论并无太多突破与创新[①]。

三、代币发行融资的法律问题

2017 年 9 月 4 日《关于防范代币发行融资风险的公告》规定："代币发行融资中使用的代币或'虚拟货币'不由货币当局发行，不具有法偿性与强制性等货币属性，不具有与货币等同的法律地位，不能也不应作为货币在市场上流通使用。"此类代币的产生和比特币类似，是基于区块链技术而得以发展的，在某种程度上也可以被视为区块链技术的衍生产物。但是由于代币发行的行为本质上是一种未经批准非法公开融资的行为，涉嫌非法发售代币票券、非法发行证券，以及非法集资、金融诈骗、传销等违法犯罪活动，具体而言可能会涉嫌我国刑法中的非法吸收公众存款罪、非法经营罪、集资诈骗罪、擅自发行股票、公司企业债券罪等罪名，因此必须通过国家的有关规制而制止。

四、区块链行业标准

对于区块链技术本身的法律政策规范也是不可或缺的，尤其是区块链技术有关的技术标准的规范的制定。一方面，它有助于确定统一对区块链技术的认识，促进其标准化进程，从而促进区块链技术在不同行

① 参考资料：华劼：《区块链技术与智能合约在知识产权确权和交易中的运用及其法律规制》。

业的具体应用形成统一而完善的技术前提。另一方面，通过实施对区块链技术在法律政策层面规范要求，能够从根本上减少区块链技术被“滥用”“错用”的可能性，减少区块链技术运用在具体的应用场景中构成违法犯罪情况的几率。标准的制定，历来是各个行业至为重要的一个环节。标准化的过程不仅是产业自身不断完善不断发展的过程，而且也是一个不断吸引新的参与方共同扩展行业前景、推动行业发展的过程。因此，区块链这一创新的技术的标准的制定，对于区块链产业的发展至关重要。要想稳健地推动我国区块链行业的创新发展，保证我国区块链产业在世界上的领先地位，区块链标准的完善、加速制定自然成为了关键所在。

国内的区块链标准化工作早在2016年便开始布局，在工业和信息化部信息化和软件服务业司的指导下，中国电子技术标准化研究院组织国内区块链领域的优势企业，于2016年10月成立了中国区块链技术和产业发展论坛，论坛下设标准工作组，先后研制并发布了《区块链 参考架构》和《区块链 数据格式规范》两项团体标准，并在团体标准研制成果基础上积极推动行业标准、国家标准的立项工作。2017年12月，中国电子技术标准化研究院牵头研制的国内首个区块链领域的国家标准《信息技术 区块链和分布式账本技术参考架构》（计划编号：20173824-T-469）正式立项，标志着我国进一步加快了区块链标准化的步伐。同时，国务院办公厅印发的《国家标准化体系建设发展规划（2016-2020年）》提出在技术发展快、市场创新活跃的领域培育和发展一批具有国际影响力的团体标准，这为加快完善我国区块链的标准化体系、提升我国的标准化水平发挥了重要作用。

2016年12月起，中国信息通信研究院牵头，与数据中心联盟成立了可信区块链工作组，起草了可信区块链标准规范。该标准针对联盟链和私有链，定义了57个参数，成了一套技术信息披露与验证机制，以规范市场上各种区块链技术产品的信息披露。可信测试标准体系包含三部分：第一，区块链的参考框架。包括区块链的定义，组成部分，专业名词释义（共识、交易、密钥等）。第二，可信区块链。该体系构建了14个维度指标，验证区块链运行的有效性，帮助建立市场对区块链技术的信任。第三，测试标准。该体系定义了57个检查点，逐项来验证上述14个维度[①]。

① 参考资料：中国信通院：《为让区块链信息披露可信，我们做了一套黑盒标准》。

附件二

与区块链产业相关的国家政策节选

表 1　区块链产业主要国家政策梳理

发文日期	文件名称	发文单位	主要内容
2018 年 4 月 13 日	教育部关于印发《教育信息化 2.0 行动计划》的通知 教技〔2018〕6 号	教育部	一、重要意义 教育信息化 2.0 行动计划是顺应智能环境下教育发展的必然选择。教育信息化 2.0 行动计划是推进"互联网 + 教育"的具体实施计划。人工智能、大数据、区块链等技术迅猛发展，将深刻改变人才需求和教育形态。智能环境不仅改变了教与学的方式，而且已经开始深入影响到教育的理念、文化和生态。主要发达国家均已意识到新形势下教育变革势在必行，从国家层面发布教育创新战略，设计教育改革发展蓝图，积极探索新模式、开发新产品、推进新技术支持下的教育教学创新。我国已发布《新一代人工智能发展规划》，强调发展智能教育，主动应对新技术浪潮带来的新机遇和新挑战。 四、实施行动 （七）智慧教育创新发展行动 加快面向下一代网络的高校智能学习体系建设。适应 5G 网络技术发展，服务全时域、全空域、全受众的智能学习新要求，以增强知识传授、能力培养和素质提升的效率和效果为重点，以国家精品在线开放课程、示范性虚拟仿真实验教学项目等建设为载体，加强大容量智能教学资源建设，加快建设在线智能教室、智能实验室、虚拟工厂（医院）等智能学习空间，积极探索基于区块链、大数据等新技术的智能学习效果记录、转移、交换、认证等有效方式，形成泛在化、智能化学习体系，推进信息技术和智能技术深度融入教育教学全过程，打造教育发展国际竞争新增长极。
2018 年 2 月 7 日	工业和信息化部办公厅关于组织开展信息消费试点示范项目申报工作的通知 工信厅信软函〔2018〕46 号	工业和信息化部办公厅	三、试点示范内容 （三）行业类信息消费试点示范 6. 现代物流服务。支持发展面向信息消费全过程的现代物流服务，支持多式联运综合物流的创新应用，积极探索利用区块链技术开展物流信息全程监测，推进物流业信息消费降本增效。
2018 年 1 月 17 日	关于印发《知识产权重点支持产业目录（2018 年本）》的通知 国知发协函字〔2018〕9 号	国家知识产权局	《目录》确定了 10 个重点产业，细化为 62 项细分领域，明确了国家重点发展和亟需知识产权支持的重点产业，有利于各部门、地区找准知识产权支撑产业发展中的发力点、高效配置知识产权资源、协同推进产业转型升级和创新发展。 目录第 2.7.6 为区块链。

续表

发文日期	文件名称	发文单位	主要内容
2017 年 12 月 20 日	国家邮政局关于推进邮政业服务“一带一路”建设的指导意见 国邮发〔2017〕103 号	国家邮政局	六、加强创新能力开放合作，培育“一带一路”邮政业发展新动能 推动行业科技创新合作。发挥行业内国家工程实验室等科研机构作用，与沿线国家交流邮政业和互联网、大数据、云计算、人工智能及区块链等融合发展的经验，联合开展科技应用示范。鼓励与沿线国家有关企业、科研机构等共建联合实验室（研究中心）、国际技术转移中心、技术示范与推广平台，促进技术转移和成果转化。支持与沿线国家有关企业、科研机构等共同研发智能收投、柔性装卸、集装化运输、冷链服务等技术装备，联合推进人工智能、无人装备等创新应用。
2017 年 11 月 21 日	商务部办公厅、国家标准委办公室关于印发《网络零售标准化建设工作指引》的通知 商电字〔2017〕12 号	商务部办公厅，国家标准化管理委员会办公室	五、强化实施保障 （十四）加强前沿研究 针对网络零售快速创新和跨界经营的特点，加强对分享经济、跨境电商、社交电商等新模式，人工智能、虚拟现实、区块链等新技术，无人商店、无人机送货、近场支付等新服务的前瞻性研究，推动形成研究成果。密切跟踪国际网络零售发展动态，加强网络零售规则标准国际交流合作，推动我国网络零售标准与国际相关标准接轨。
2017 年 11 月 19 日	国务院关于深化“互联网 + 先进制造业”发展工业互联网的指导意见	国务院	三、主要任务 （三）加强产业支撑 加大关键共性技术攻关力度。开展时间敏感网络、确定性网络、低功耗工业无线网络等新型网络互联技术研究，加快 5G、软件定义网络等技术在工业互联网中的应用研究。推动解析、信息管理、异构标识互操作等工业互联网标识解析关键技术及安全可靠机制研究。加快 IPv6 等核心技术攻关。促进边缘计算、人工智能、增强现实、虚拟现实、区块链等新兴前沿技术在工业互联网中的应用研究与探索。

续表

发文日期	文件名称	发文单位	主要内容
2017年10月5日	国务院办公厅关于积极推进供应链创新与应用的指导意见 国办发〔2017〕84号	国务院办公厅	四、保障措施 （三）加强供应链信用和监管服务体系建设 完善全国信用信息共享平台、国家企业信用信息公示系统和“信用中国”网站，健全政府部门信用信息共享机制，促进商务、海关、质检、工商、银行等部门和机构之间公共数据资源的互联互通。研究利用区块链、人工智能等新兴技术，建立基于供应链的信用评价机制。推进各类供应链平台有机对接，加强对信用评级、信用记录、风险预警、违法失信行为等信息的披露和共享。创新供应链监管机制，整合供应链各环节涉及的市场准入、海关、质检等政策，加强供应链风险管控，促进供应链健康稳定发展。（国家发展改革委、交通运输部、商务部、人民银行、海关总署、税务总局、工商总局、质检总局、食品药品监管总局等按职责分工负责）
2017年9月18日	中国保监会关于印发《偿二代二期工程建设方案》的通知 保监发〔2017〕67号	中国保险监督管理委员会	三、具体任务 （二）健全执行机制 16.跟踪云计算、大数据、人工智能、区块链等金融科技的发展趋势，开展监管科技的应用研究，积极探索新科技条件下新型的保险业审慎监管。
2017年8月13日	国务院关于进一步扩大和升级信息消费持续释放内需潜力的指导意见 国发〔2017〕40号	国务院	二、提高信息消费供给水平 （七）提升信息技术服务能力。支持大型企业建立基于互联网的“双创”平台，为全社会提供专业化信息服务。发挥好中小企业公共服务平台作用，引导小微企业创业创新示范基地平台化、生态化发展。鼓励信息技术服务企业积极发展位置服务、社交网络等新型支撑服务及智能应用。支持地方联合云计算、大数据骨干企业为当地信息技术服务企业提供咨询、研发、培训等技术支持，推动提升“互联网+”环境下的综合集成服务能力。鼓励利用开源代码开发个性化软件，开展基于区块链、人工智能等新技术的试点应用。

续表

发文日期	文件名称	发文单位	主要内容
2017 年 8 月 11 日	商务部办公厅、财政部办公厅关于开展供应链体系建设工作的通知 商办流通发〔2017〕337 号	商务部，财政部	二、主要任务 （三）建设重要产品追溯体系，提高供应链产品质量保障能力 三是支持供应链核心企业追溯系统创新升级。重点推进二维码、无线射频识别（RFID）、视频识别、区块链、GS1、对象标识符（OID）、电子结算和第三方支付等应用，推动追溯系统创新升级；推动大中型批发市场及大型商超、物流企业等开展信息化改造，鼓励商超利用 GS1 进行结算实现追溯功能，将产品追溯融入现有 ERP 系统，实现企业信息系统与追溯系统的对接；鼓励供应链核心企业线上线下融合发展，形成全渠道整合、线上线下无缝衔接的追溯网络。
2017 年 7 月 26 日	工业和信息化部关于开展 2017 年电信和互联网行业网络安全试点示范工作的通知 工信部网安函〔2017〕310 号	工业和信息化部	三、重点领域 （六）网络安全创新应用。应用云计算、大数据、人工智能、区块链、机器学习，以及安全可靠的密码算法（如 SM 系列算法）等技术，明显提升网络安全防护、威胁预警、事件处置的效果，提高网络安全技术保障水平。
2017 年 7 月 8 日	国务院关于印发《新一代人工智能发展规划》的通知 国发〔2017〕35 号	国务院	三、重点任务 （三）建设安全便捷的智能社会 4. 促进社会交往共享互信 充分发挥人工智能技术在增强社会互动、促进可信交流中的作用。加强下一代社交网络研发，加快增强现实、虚拟现实等技术推广应用，促进虚拟环境和实体环境协同融合，满足个人感知、分析、判断与决策等实时信息需求，实现在工作、学习、生活、娱乐等不同场景下的流畅切换。针对改善人际沟通障碍的需求，开发具有情感交互功能、能准确理解人的需求的智能助理产品，实现情感交流和需求满足的良性循环。促进区块链技术与人工智能的融合，建立新型社会信用体系，最大限度降低人际交往成本和风险。

续表

发文日期	文件名称	发文单位	主要内容
2017年3月30日	工业和信息化部关于印发《云计算发展三年行动计划（2017—2019年）》的通知 工信部信软〔2017〕49号	工业和信息化部	三、重点任务 （三）应用促进行动 支持基于云计算的创新创业。深入推进大企业“双创”，鼓励和支持利用云计算发展创业创新平台，通过建立开放平台、设立创投基金、提供创业指导等形式，推动线上线下资源聚集，带动中小企业的协同创新。通过举办创客大赛等形式，支持中小企业、个人开发者基于云计算平台，开展大数据、物联网、人工智能、区块链等新技术、新业务的研发和产业化，培育一批基于云计算的平台经济、分享经济等新兴业态，进一步拓宽云计算应用范畴。
2017年1月19日	关于印发《商贸物流发展“十三五”规划》的通知 商流通发〔2017〕29号	商务部，国家发展和改革委员会，国土资源部，交通运输部，国家邮政局	五、重点工程 （六）商贸物流创新发展工程 推广使用自动识别、电子数据交换、货物跟踪、智能交通、物联网等先进技术装备，探索区块链技术在商贸物流领域的应用，大力发展智慧物流。推广网订店取、自助提取、代收服务等末端配送模式，探索线上线下融合的物流服务管理模式。大力推进仓配一体化，推动物流企业一体化运作、网络化经营，促进商贸物流转型升级。拓展集中采购、订单管理、流通加工、物流金融、售后维修等增值服务，支持供应链集成创新。
2017年1月17日	商务部关于进一步推进国家电子商务示范基地建设工作的指导意见 商电发〔2017〕26号	商务部	三、主要任务 （二）提升孵化能力，支撑大众创业、万众创新 4. 营造双创环境。发挥示范基地配套优势，营造有利于创业创新的良好氛围，支持新技术、新产业、新业态、新模式发展。大力发展众创空间等新型孵化器，完善技术支撑服务和创业孵化服务，提升孵化能力。推动示范基地创业孵化与科研院所技术成果转化有效结合，促进大数据、物联网、云计算、人工智能、区块链等技术创新应用。
2017年1月13日	国务院办公厅关于创新管理优化服务培育壮大经济发展新动能加快新旧动能接续转换的意见 国办发〔2017〕4号	国务院办公厅	四、激发新生产要素流动的活力 （十三）完善智力要素集聚流动机制 营造有利于跨界融合研究团队成长的氛围。创新体制机制，突破院所和学科管理限制，在人工智能、区块链、能源互联网、智能制造、大数据应用、基因工程、数字创意等交叉融合领域，构建若干产业创新中心和创新网络。建成一批具有国际水平、突出学科交叉和协同创新的科研基地，着力推动跨界融合的颠覆性创新活动。（国家发展改革委、教育部、科技部、中科院等部门按职责分工负责）

续表

发文日期	文件名称	发文单位	主要内容
2016年12月18日	工业和信息化部关于印发《软件和信息技术服务业发展规划（2016—2020年）》的通知 工信部规〔2016〕425号	工业和信息化部	软件和信息技术服务业发展规划（2016–2020年） 三、指导思想和发展目标 （三）发展目标 ——技术创新。以企业为主体的产业创新体系进一步完善，软件业务收入前百家企业研发投入持续加大，在重点领域形成创新引领能力和明显竞争优势。基础软件协同创新取得突破，形成若干具有竞争力的平台解决方案并实现规模应用。人工智能、虚拟现实、区块链等领域创新达到国际先进水平。云计算、大数据、移动互联网、物联网、信息安全等领域的创新发展向更高层次跃升。重点领域标准化取得显著进展，国际标准话语权进一步提升。 四、重点任务和重大工程 （一）全面提高创新发展能力 ——布局前沿技术研究和发展。围绕大数据理论与方法、计算系统与分析、关键应用技术及模型等方面开展研究，布局云计算和大数据前沿技术发展。支持开展人工智能基础理论、共性技术、应用技术研究，重点突破自然语言理解、计算机视听觉、新型人机交互、智能控制与决策等人工智能技术。加快无人驾驶、虚拟现实、3D打印、区块链、人机物融合计算等领域技术研究和创新。 专栏1：软件“铸魂”工程 ——抢先布局发展智能化软件。围绕抢占智能化软件领跑地位战略目标，突破虚拟资源调度、数据存储处理、大规模并行分析、分布式内存计算、轻量级容器管理、可视化等云计算和大数据技术，以及虚拟现实、增强现实、区块链等技术。支持机器学习、深度学习、知识图谱、计算机视听觉、生物特征识别、复杂环境识别、新型人机交互、自然语言理解、智能控制与决策、类脑智能等关键技术研发和产业化，推动人工智能深入应用和发展。 专栏2：信息技术服务能力跃升工程 ——发展服务新模式新业态。创新软件定义服务新理念，鼓励发展新一代信息技术驱动的信息技术服务新业态。整合资源，支持重点企业面向人工智能、虚拟现实和增强现实等领域，提升容器、区块链、开发运营一体化等方面的关键技术服务能力，加快培育各类新型服务模式和业态，促进信息服务资源的共享和利用。依托国家新型工业化产业示范基地（软件和信息服务）及产业园区，组织开展面向“互联网+”的智能服务试点示范。

续表

发文日期	文件名称	发文单位	主要内容
2016年12月15日	国务院关于印发《“十三五”国家信息化规划》的通知 国发〔2016〕73号	国务院	一、发展现状与形势 （二）发展形势 “十三五”时期，全球信息化发展面临的环境、条件和内涵正发生深刻变化。从国际看，世界经济在深度调整中曲折复苏、增长乏力，全球贸易持续低迷，劳动人口数量增长放缓，资源环境约束日益趋紧，局部地区地缘博弈更加激烈，全球性问题和挑战不断增加，人类社会对信息化发展的迫切需求达到前所未有的程度。同时，全球信息化进入全面渗透、跨界融合、加速创新、引领发展的新阶段。信息技术创新代际周期大幅缩短，创新活力、集聚效应和应用潜能裂变式释放，更快速度、更广范围、更深程度地引发新一轮科技革命和产业变革。物联网、云计算、大数据、人工智能、机器深度学习、区块链、生物基因工程等新技术驱动网络空间从人人互联向万物互联演进，数字化、网络化、智能化服务将无处不在。现实世界和数字世界日益交汇融合，全球治理体系面临深刻变革。全球经济体普遍把加快信息技术创新、最大程度释放数字红利，作为应对“后金融危机”时代增长不稳定性和不确定性、深化结构性改革和推动可持续发展的关键引擎。

附件三

与区块链产业有关的地方政策节选

表 2　北京市区块链主要政策梳理

发文日期	文件名称	发文单位	文件主要内容
2017 年 10 月 31 日	北京市石景山区人民政府关于印发《“石景山服务”行动计划（2017–2020）》的通知	北京市石景山区人民政府	三、实施“七大服务提升工程” （三）服务平台融合工程 3. 促进服务终端智能便捷。应用大数据、区块链和人工智能技术，推动新媒体平台和网上办事大厅等服务功能的开发和应用，优化服务体验，提升服务效能。开辟 24 小时自助服务区，逐步推进部分涉企服务事项实现全天候自助办理。积极应用数据智能化分析技术，探索政策兑现方式创新。
2017 年 9 月 15 日	关于印发《〈中关村国家自主创新示范区促进科技金融深度融合创新发展支持资金管理办法〉实施细则（试行）》的通知	中关村科技园区管理委员会	第二章　支持基于互联网技术的新金融引领发展 第一节　支持对象和支持内容 第四条　支持利用互联网技术搭建平台，提供资金融通、支付、投资和信息中介服务等创新型金融服务的企业，以及从事金融领域人工智能、大数据、区块链、量化投资、智能金融等前沿技术研发和应用的金融科技企业入驻互联网金融功能区。 第七条　支持金融科技企业开展实施人工智能、大数据、区块链、量化投资、智能金融等前沿技术示范应用或展示服务。 对于经金融机构总部或金融监管机构批准的、示范应用或展示服务效果显著的项目，按照提供服务的金融科技企业与金融机构或金融监管机构签署的技术应用合同、展览展示协议或采购协议金额的 30% 给予支持，单个项目最高支持金额不超过 500 万元。
2017 年 9 月 11 日	关于印发《关于构建首都绿色金融体系的实施办法》的通知	北京市金融工作局，北京市发展和改革委员会，北京市财政局，北京市环境保护局，中国人民银行营业管理部，中国保险监督管理委员会北京监管局，中国银行业监督管理委员会北京监管局，中国证券监督管理委员会北京监管局	为推进金融供给侧结构性改革，大力发展绿色金融，现就落实中国人民银行等七部委《关于构建绿色金融体系的指导意见》（银发〔2016〕228 号），提出如下实施办法。 十五、发展绿色金融科技。运用互联网、大数据、云计算等技术手段，提高金融机构在绿色项目融资、资产定价、资源配置和风险管理等方面的运作能力。发展基于区块链的绿色金融信息基础设施，提高绿色金融项目安全保障水平。（责任单位：市金融局、人民银行营业管理部、海淀区政府按职责分工负责）

续表

2017 年 4 月 6 日	关于印发《中关村国家自主创新示范区促进科技金融深度融合创新发展支持资金管理办法》的通知	中关村科技园区管理委员会	第二章　支持内容及标准 第一节　支持基于互联网技术的新金融引领发展 第九条　支持金融科技企业为金融监管机构和金融机构提供服务，开展人工智能、区块链、量化投资、智能金融等前沿技术示范应用，提高金融服务的效率和便利性。按照金融科技企业与金融监管机构或金融机构签署的技术应用合同或采购协议金额的 30% 给予企业资金支持，单个项目最高支持金额不超过 500 万元。
2017 年 1 月 13 日	北京市人民政府关于印发《北京市“十三五”时期现代产业发展和重点功能区建设规划》的通知	北京市人民政府	一、加快发展生产性服务业 （一）创新发展金融服务业。积极对接国家金融改革发展战略，着力提升金融服务市场化、国际化水平。顺应人民币市场化改革、国际化发展趋势，推动国家科技金融创新中心建设，积极发展国际金融服务业。鼓励传统金融服务创新，着力做好与“一行三会”和银行、证券、保险等金融机构的对接，发展资产管理等专业化机构，鼓励保险公司集团化发展、专业化运营。推动全国中小企业股份转让系统、区域性股权市场、机构间私募产品报价与服务系统创新发展。积极稳妥发展互联网金融、消费金融、商业保理等新兴业态，推动数字普惠金融发展，构建绿色金融体系，探索区块链等创新型技术研究应用。有效防范和化解各类金融风险。
2016 年 12 月	《北京市“十三五”时期金融业发展规划》	北京市金融工作局与北京市发展和改革委员会	将区块链归为互联网金融的一项技术。
2016 年 8 月	《北京市金融工作局 2016年度绩效任务》	北京市金融工作局	文件中提到，“为推进北京市金融发展环境建设，推动设立了中关村区块链联盟”。

续表

表 3　上海市区块链主要政策梳理

发文日期	文件名称	发文机关	主要内容
2018 年 1 月 22 日	上海市科学技术委员会关于发布上海市 2018 年度“科技创新行动计划”社会发展领域项目指南的通知	上海市科学技术委员会	一、征集范围 专题三　能源科技 方向 5　能源互联网关键技术研发与应用 研究目标：针对城市级能源系统峰谷差严重、供需不平衡、多元多能协同差、能源安全等问题，突破部分能源互联网关键智能化技术的应用与国产化装备研制，全面提升需求侧能源利用效率和管理水平的需求，保障城市重要负荷中心的能源安全，构建城市级最全要素的能源互联互通共享平台，示范区域实现 5% 左右城市能源的削峰填谷目标。 研究内容：基于需求侧响应的多类型负荷自调适技术及应用；区域多能协同控制与深度融合技术及应用；重要用能负荷安全保障优化调度技术及应用；能源区块链关键技术；电力绿色质量评价核心技术；能源路由器等关键设备的研发技术。 执行期限：2021 年 6 月 30 日前完成。
2018 年 1 月 17 日	上海市教育委员会关于印发《2018 年上海市教育委员会工作要点》的通知	上海市教育委员会	十、统筹教育资源，促进教育信息化建设 36. 促进教育信息化与教育教学深度融合。制订实施教育信息化 2.0 建设方案。促进各级各类学校开展智慧校园整体设计和整体建设，推动信息技术与教育教学的深度融合和常态化应用。试点启动基础教育信息化实验校建设和未来学校培育。推进基于人工智能和区块链技术的教育示范应用。研究制订数字教材推广实施方案。升级义务教育入学报名系统，启动初中学生综合素质评价信息管理系统建设。继续开展教师信息技术教学能力提升工程，提升教师信息素养。推进中小学充分利用专题教育资源和网上研究型课程自适应学习系统开展学习。继续推动“一师一优课、一课一名师”工作。

续表

发文日期	文件名称	发文机关	主要内容
2017年6月6日	上海市徐汇区人民政府办公室关于转发区发展改革委制定的《徐汇区重点发展产业引导目录（2017版）》的通知	上海市徐汇区人民政府	第二部分　引导目录 一、现代服务业 （一）信息服务 2. 软件开发。基础软件，高端信息服务支撑软件，应用软件，信息安全软件，计算机系统，产品研发设计、产品制造过程管理和控制、节能减排控制等工业软件，虚拟化管理、新一代海量信息智能搜索、数据挖掘、云端融合应用运行支撑平台等云计算软件，区块链技术相关产品和服务等。
2017年4月	上海市互联网金融行业协会发布《互联网金融从业机构区块链技术应用自律规则》	上海市互联网金融行业协会	据称其是国内首个互联网金融行业区块链自律规则，从而更好地引导、规范和促进互联网金融行业利用区块链技术服务实体经济；同年，上海智力产业园落地国内首个区块链孵化基地——“天空区块链孵化基地”，同时落户的还有“中关村区块链产业联盟上海协同创新中心”和“上海股权托管交易中心上海智力产业园孵化基地”。
2017年3月	上海市宝山区人民政府发布《2017年宝山区金融服务工作要点》通知	上海市宝山区人民政府	提到将跟踪服务庙行区块链孵化基地建设和淞南上海互联网金融评价中心建设。
2016年12月30日	上海市经济和信息化委员会关于开展2017年度上海市信息化发展专项资金（大数据发展）项目申报工作的通知	上海市经济和信息化委员会	附件1： 2017年度信息化发展专项资金（大数据发展）支持项目指南 一、关键技术创新应用 3. 大数据计算架构创新。支持基于拟态架构的大数据一体机研制，进一步提升科研服务能力。支持自主可控的区块链关键技术研发，形成区块链基础架构和解决方案。 三、大数据示范应用 9. 金融风控。通过电信和互联网等多源融合数据，实现基于大数据的金融风险智能预警分析和投资决策。实现区块链技在金融贸易清算和交易领域中的应用。

续表

发文日期	文件名称	发文机关	主要内容
2016年12月28日	上海市经济和信息化委员会关于开展2017年度上海市软件和集成电路产业发展专项资金项目申报工作的通知	上海市经济和信息化委员会	附件： 2017年上海市软件和集成电路产业发展专项资金项目指南 第一部分软件和信息服务业领域 一、产业发展类 （三）新产品新技术研发及产业化 7. 区块链关键技术研发及产业化 研发基础加密算法，共识模块，交易处理模块，交易池模块，简单合约或者智能合约模块，嵌入式数据库处理模块等关键区块链技术，支持区块链开源社区建设。
2016年6月6日	上海市经济信息化委关于开展2016年度第二批上海市信息化发展专项资金（大数据发展）项目申报工作的通知	上海市经济和信息化委员会	附件1： 2016年度上海市第二批信息化发展专项资金（大数据发展）项目指南 二、平台和载体建设 3. 基于Spark/Hadoop等开源技术的大数据基础软件平台，实现大数据存储、计算和分析的一站式服务，以及区块链技术创新项目。

表4　天津市区块链主要政策梳理

发文日期	文件名称	发文机关	主要内容
2018年4月9日	天津市人民政府关于深化“互联网＋先进制造业”发展工业互联网的实施意见	天津市人民政府	二、主要任务 （三）推动产业支撑能力建设 1. 加强技术攻关和标准研究。推动IPv6等核心技术攻关，开展时间敏感网络、确定性网络、低功耗工业无线网络等新型网络互联技术和解析、信息管理、异构标识互操作等工业互联网标识解析关键技术及安全可靠机制研究，促进5G（第五代移动通信）、软件定义网络、边缘计算、人工智能、增强现实、虚拟现实、区块链等技术在工业互联网中的应用研究与探索。鼓励我市相关机构、企业积极参与国家工业互联网标准的研制及试验验证等工作。（市科委牵头，市工业和信息化委、市通信管理局、市市场监管委等部门按职责分工负责）

续表

发文日期	文件名称	发文机关	主要内容
2017年11月20日	天津市人民政府关于印发《天津市进一步扩大和升级信息消费实施方案》的通知	天津市人民政府	二、增强信息消费有效供给 （七）提升信息技术服务能力。推动大型企业建立基于互联网的“双创”平台，拓展研发、设计、生产、管理和服务新模式，促进平台资源开放共享，为全社会提供专业化信息服务。推进面向中小微企业的公共服务平台建设，形成业务协同、合作发展、共创共赢的信息服务新模式。提升培育一批小微企业创业创新示范基地，促进示范基地提升软硬件建设水平，引导小微企业创业创新示范基地平台化、生态化发展。发展信息技术综合集成服务，鼓励利用开源代码开发个性化软件，开展基于区块链、人工智能等新技术的试点应用，加快发展位置服务、社交网络服务、数字内容服务以及智能应用。推动企业加强合作，鼓励开展咨询、研发、培训等技术支持和服务。（市工业和信息化委、市发展改革委、市科委、市网信办、市中小企业局、市国资委等部门按职责分工负责）
2017年11月6日	天津市商务委员会、天津市财政局关于做好供应链体系建设项目和资金管理工作的通知	天津市商务委员会，天津市财政局	一、支持方向及标准 （二）打造智慧供应链平台，提高供应链协同效率 在商品现货交易平台、商品批发零售、供应链专业服务等重点领域，支持一批市场影响力大、经营规模居行业前列、对供应链上下游企业具有重要影响的大宗商品、批发、新零售、医药、汽车、生鲜及综合零售等流通企业，以及智慧商圈、末端配送、供应链专业服务企业为实施主体，通过利用大数据、物联网、云计算、区块链、人工智能等方式，创新流通模式，提高供应链协同效率。
2017年10月12日	天津市商务委员会、天津市财政局关于开展供应链体系建设项目申报工作的通知 中华人民共和国商务部网站	天津市商务委员会，天津市财政局	一、项目建设和支持内容 （二）打造智慧供应链平台，提高供应链协同效率 在商品现货交易平台、商品批发零售、供应链专业服务等重点领域，支持一批市场影响力大、经营规模居行业前列、对供应链上下游企业具有重要影响的大宗商品、批发、新零售、医药、汽车、生鲜及综合零售等流通企业，以及智慧商圈、末端配送、供应链专业服务企业为实施主体，通过利用大数据、物联网、云计算、区块链、人工智能等方式，创新流通模式，提高供应链协同效率。

续表

发文日期	文件名称	发文机关	主要内容
2017 年 8 月 31 日	天津市市场和质量监督管理委员会印发《市市场监管委关于推行企业登记全程电子化工作的意见》的通知	天津市市场和质量监督管理委员会	三、工作任务 （三）规范用户签名 企业全程电子化登记实行审核合一制，登记人员通过授权取得审核资格，对全程电子化登记审核行为承担直接责任。登记人员对企业全程电子化登记系统提交的申请材料在线审核，基于区块链的加密技术签署的意见视为登记人员本人有效电子签名，保存为电子数据文档，系统做操作留痕管理，可追溯、可查询，确保全程电子化各环节安全可信。
2017 年 6 月 9 日	天津市人民政府办公厅关于转发市工业和信息化委、市发展改革委拟定的《天津市贯彻国家信息产业发展指南实施方案》的通知	天津市人民政府办公厅	二、主要任务 （三）促进信息技术融合应用 3. 推进信息技术服务。围绕政务、金融、能源、交通、环保、安全生产、电子商务、数字内容等关键领域，提升信息技术服务企业的咨询设计、软件开发、集成实施、运行维护和测试验证能力。支持未来电视、天堰科技等重点企业面向人工智能、虚拟现实和增强现实等领域，提升容器、区块链、开发运营一体化等方面的关键技术服务能力，加快培育各类新型服务模式和业态，促进信息服务资源的共享和利用。（责任单位：市工业和信息化委、市发展改革委、市委网信办、市商务委）

表 5　重庆市区块链主要政策梳理

发文日期	文件名称	发文机关	主要内容
2017 年 11 月	重庆市经济和信息化委员会发布《关于加快区块链产业培育及创新应用的意见》	重庆市经济和信息化委员会	提出到 2020 年，力争全市打造 2–5 个区块链产业基地，初步形成国内重要的区块链产业高地和创新应用基地。

续表

发文日期	文件名称	发文机关	主要内容
2017 年 8 月 18 日	重庆市商务委员会关于开展供应链体系建设预申报的通知	重庆市商务委员会	一、建设内容 （一）推广物流标准化，促进供应链上下游相衔接 3. 物流链数据单元的信息标准化。支持探索基于全球统一编码标识（GS1）的托盘条码与商品条码、箱码、物流单元代码关联衔接，推动托盘、周转箱由包装单元向数据单元和数据节点发展，应用物联网、大数据、人工智能、区块链等先进技术，促进供应链和平台相关方信息数据传输交互顺畅；探索用数据单元优化生产、流通、销售管理，转化为商业价值，促进降本增效，满足不同商品的不同用户需求和服务体验。 （三）建设重要产品追溯体系，提高供应链产品质量保障能力 以物流链为渠道，利用物联网等先进技术设备，推动产品从产地、集散地到销地的全链条追溯，促进追溯链与物流链融合。 1. 支持基于技术创新应用的信息追溯系统建设。以二维码、无线射频识别（RFID）、视频识别、区块链、GS1 等追溯技术创新应用为核心，推进肉类、蔬菜、乳制品等重要产品追溯系统建设，对接上下游追溯信息，提高追溯单元信息采集与传递的智能化和准确性，并上传追溯信息，实现产品来源可查、去向可追、质量可估、责任可究，方便消费者查询。
2017 年 8 月 15 日	重庆市人民政府关于印发《重庆市“十三五”信息化规划》的通知	重庆市人民政府	三、重大任务和重点工程 （二）建立统一开放的大数据体系 专栏 2　大数据发展工程 发展大数据技术。发展海量数据存储、深度学习、区块链、机器学习、流计算等前沿技术；以应用为牵引，培育和发展大数据采集与集成、大数据分析与挖掘、大数据交互感知、基于语义理解的数据资源管理等平台产品，研发具有行业特征的大数据检索、分析、展示等技术产品，形成垂直领域成熟的大数据解决方案及服务。

表 6　广东省区块链主要政策梳理

发文日期	文件名称	发文机关	主要内容
2018 年 4 月 8 日	广东省人民政府关于印发《广东省扩大和升级信息消费实施方案（2018-2020 年）》的通知	广东省人民政府办公厅	三、保障措施 （三）加强试点示范 推动广州创建国家信息消费示范城市，加快建设深圳、佛山等国家信息消费示范城市，建设珠三角信息消费示范城市集聚区。在人工智能、区块链应用、新数字家庭、文化娱乐、电子商务、智能教育、智能医疗、智能交通等领域，实施一批信息消费试点示范项目，形成辐射带动效应。举办信息消费体验活动，推广信息消费示范城市、示范平台、示范项目的经验成果，促进信息消费快速增长。
2018 年 3 月 30 日	深圳市国家税务局、深圳市地方税务局关于印发优化税收营商环境若干措施的通知	深圳市国家税务局，深圳市地方税务局	四、创新渠道，拓展网络办税 （十二）推广电子普通发票。大力推行电子发票，基于区块链技术，探索电子发票应用，为增值税起征点以下小规模纳税人提供代开增值税电子普通发票服务，实现在线开具和查验。
2018 年 3 月 22 日	广州市人民政府关于印发《广州市加快 IAB 产业发展五年行动计划（2018—2022 年）》的通知	广州市人民政府	三、重点发展领域及方向 ——新一代信息技术产业：新型显示、集成电路、新一代信息通信、基础硬件、工业互联网、物联网及车联网、云计算及大数据、互联网及软件服务、新一代信息技术服务业以及量子通信、区块链、太赫兹等。
2018 年 3 月 20 日	广东省人民政府关于印发广东省深化“互联网 + 先进制造业”发展工业互联网实施方案及配套政策措施的通知	广东省人民政府办公厅	二、重点任务 （三）加强产业支撑 1. 加强关键共性技术研发支撑。开展时间敏感网络、确定性网络、低功耗工业无线网络等新型网络互联技术研究，加快 5G、软件定义网络等技术在工业互联网中的应用研究。加快 IPv6 等核心技术攻关，促进边缘计算、人工智能、增强现实、虚拟现实、区块链等新兴前沿技术在工业互联网中的应用研究和探索。（省科技厅、经济和信息化委，各地级以上市人民政府）

续表

发文日期	文件名称	发文机关	主要内容
2018年3月	深圳市经济贸易和信息化委员会发布《市经贸信息委关于组织实施深圳市战略性新兴产业新一代信息技术信息安全专项2018年第二批扶持计划的通知》	深圳市经济贸易和信息化委员会	区块链属于扶持领域之一，按投资计算，单个项目资助金额不超过200万元，资助金额不超过项目总投资的30%。
2018年1月9日	广州市黄埔区人民政府办公室、广州开发区管委会办公室关于加快IAB产业发展的实施意见	广州市黄埔区人民政府办公室，广州市开发区管理委员会	二、主要任务 围绕IAB主导产业发展领域及方向，实施8大工程： （四）深度融合应用工程。鼓励IAB企业开展以互联网、云计算、大数据、区块链等技术为支撑的跨界融合。深化IAB领域渗透融合，打造全国领先、国际一流的工业互联网重镇，开展智能制造应用示范、智能工厂培育试点，建设国家级“智能制造＋智能服务”产业基地和全球智能制造示范引领区。发挥信息技术、人工智能在感知社会态势、畅通沟通渠道、辅助科学决策方面的重要作用，重点在城市交通、生态环境、公共安全、社会管理等领域深化应用。大力推进信息技术、人工智能在司法、教育、医疗、社区服务等领域的应用，加强资源共享和业务协同，全面提升民生服务水平。 （八）审批效能提速工程。发挥国家、省级行政审批试点改革示范区的作用，打造针对IAB产业的主题式审批高速公路。清理投资审批事项，优化并联审批方式，推广信任审批、即时审批、不见面审批，建设网上审批“中介服务超市”。运用“互联网＋”、区块链新技术，打造“一窗式一网式”政务服务。推行商事主体设立“容缺登记”，全程电子化商事登记管理即时办结。整合商务、公安、海关、出入境检验检疫及住房公积金等部门相关证表，实现涉企事项“多证合一”，推进“一照一码”营业执照在各领域互认互通。

续表

发文日期	文件名称	发文机关	主要内容
2017年12月	《广州市黄埔区广州开发区促进区块链产业发展办法》	广州市人民政府	广州出台的第一部关于区块链产业的政府扶植政策，预计每年将增加2亿元左右的财政投入。
2017年10月31日	关于开展2017年度深圳市金融创新奖和金融科技专项奖申报工作的通知	深圳市金融办	一、奖项设置 上述各类奖项评选可缺额，但数量不能突破。 （二）金融科技专项奖。主要用于奖励基于区块链、大数据、云计算、人工智能等科学技术的创新应用，对优化金融服务流程、改进金融业务模式、提高风险甄别防范能力等有明显促进作用的优秀项目。
2017年10月12日	深圳市人民政府金融发展服务办公室关于印发《深圳市金融创新奖和金融科技专项奖评选办法》的通知	深圳市金融发展服务办公室	第一章　总则 第四条　深圳市金融创新奖主要奖励以优化金融资源配置、健全金融市场体系、完善金融服务功能、保障金融运行安全、推进产融紧密结合等为特征，有利于普惠金融、科技金融、绿色金融、产业金融等发展的产品、技术、工具、服务创新，以及金融管理方法、手段和机制创新。 金融科技专项奖主要奖励在数字货币、区块链、金融大数据运用等领域的优秀创新项目。 第三章　申报项目及条件 第十八条　以下项目可以申报金融科技专项奖： （一）基于区块链、大数据、云计算、人工智能等科技技术的创新应用。 （二）近两年内完成研究开发并向市场推出1年以上，对优化金融服务流程、改进金融业务模式、提高风险甄别防范能力等有明显促进作用；对创新性较强、短期内已取得显著经济社会效益的项目，时限要求可适当放宽，但必须向市场推出6个月以上。 （三）满足有关金融业务开展的合规要求，有完善的风险管控措施。 （四）由香港相关机构及其从业人员研究开发，对深港金融科技发展具有促进作用，并经香港金融管理局认定的优秀金融科技创新项目。

续表

发文日期	文件名称	发文机关	主要内容
2017年9月25日	深圳市人民政府关于印发《深圳市扶持金融业发展若干措施》的通知	深圳市人民政府	一、坚持服务导向，优化金融政策环境 （四）充分发挥“金融创新奖和金融科技专项奖”的创新激励作用。金融创新奖每年对金融产品和服务创新活动成果显著的金融企业、金融监管机构及有关人员给予表彰和奖励。金融创新奖设一等奖5名，奖金各100万元；二等奖10名，奖金各50万元；三等奖15名，奖金各30万元；优秀奖20名，奖金各15万元；金融创新推进奖2名，奖金各100万元，奖励金融监管机构的监管创新，年度奖金总额控制在1950万元以内；金融科技（Fintech）专项奖，重点奖励在区块链、数字货币、金融大数据运用等领域的优秀项目，年度奖励额度控制在600万元以内。 经评选，以上各类奖项数量可以缺额，不得突破。由市金融办牵头另行拟定金融创新奖和金融科技专项奖评选办法，报市政府批准后实施。
2017年6月23日	广州市黄埔区人民政府办公室、广州开发区管委会办公室关于印发《广州市黄埔区广州开发区促进风险投资发展办法》的通知	广州市黄埔区人民政府，广州市开发区管理委员会	第九条“鼓励集聚发展”设立100亿元风险投资引导基金，按照“政府引导、市场运作、科学决策、防范风险”原则，通过母基金的方式，选择风险投资机构合作成立子基金，引导社会资本共同投向科技企业和战略性新兴产业。 鼓励开展人工智能、区块链、量化投资、智能金融等金融科技前沿技术示范应用，提升核心竞争力，按照技术应用合同或采购协议实际发生金额的30%给予补贴，每个项目最高补贴500万元。
2017年5月11日	深圳市经济贸易和信息化委员会关于组织实施深圳市重大科技产业专项2017年扶持计划的通知	深圳市经济贸易和信息化委员会	附件1 深圳市重大科技产业专项2017年扶持计划申报指南 一、重点支持领域 （八）金融科技 重点支持区块链产品在金融领域的应用；支持开发满足不同金融业务场景应用的互联网金融服务平台（不含P2P金融）；支持建立线上与线下相结合的金融服务体系；支持开发安全、高效的在线支付、移动支付、跨境支付平台。

续表

发文日期	文件名称	发文机关	主要内容
2017年5月10日	广东省人民政府办公厅转发《国务院办公厅关于创新管理优化服务培育壮大经济发展新动能加快新旧动能接续转换意见》的通知	广东省人民政府办公厅	四、激发新生产要素流动的活力 （十三）完善智力要素集聚流动机制 营造有利于跨界融合研究团队成长的氛围。创新体制机制，突破院所和学科管理限制，在人工智能、区块链、能源互联网、智能制造、大数据应用、基因工程、数字创意等交叉融合领域，构建若干产业创新中心和创新网络。建成一批具有国际水平、突出学科交叉和协同创新的科研基地，着力推动跨界融合的颠覆性创新活动。（国家发展改革委、教育部、科技部、中科院等部门按职责分工负责）
2017年4月6日	广东省人民政府办公厅关于印发《珠江三角洲国家大数据综合试验区建设实施方案》的通知	广东省人民政府办公厅	二、重点任务 （八）促进大数据产业发展 2. 加快大数据技术创新和产业化。实施“云计算与大数据管理技术”重大科技专项，加强数据采集、存储、整理、分析、发掘、展现、应用等领域技术和软硬件产品的研发及产业化。重点突破深度学习、类脑计算、认知计算、区块链、虚拟现实等前沿关键技术，发展与重点行业领域业务流程及数据应用需求深度融合的大数据解决方案。实施“国家自然科学基金委员会－广东省人民政府大数据科学研究中心项目”，围绕智慧城市建设开展智慧交通、地质环境、智慧防灾、智慧金融、智慧教育等领域的基础研究和关键技术攻关。2020年底前，大数据关键共性技术取得重大突破，形成一批具有国际竞争力的大数据软硬件产品。（省科技厅、发展改革委、经济和信息化委）
2016年11月	深圳市金融办发布《深圳市金融业发展“十三五”规划》	深圳市金融办	文件中提到，“支持金融机构加强对区块链、数字货币等新兴技术的研究探索”。

续表

发文日期	文件名称	发文机关	主要内容
2016 年 9 月 30 日	广州市工业和信息化委员会关于印发琶洲互联网创新集聚区产业发展规划（2016–2025 年）的通知	广州市工业和信息化委员会	三、产业发展导向 （五）新兴金融 到 2025 年，集聚一批实力雄厚的新兴金融龙头企业，建成若干个品牌卓越的新兴金融服务平台，新兴金融对产业发展的支撑能力明显增强，带动区域构建建立起完善的新兴金融产业体系，成为国内重要的新兴金融服务中心。 ——区块链。引进和培育从事分布式区块链研发、场景应用、计算机系统集成、数据处理等业务的企业入驻，支持区内企业加大对区块链技术的研发投入，大力布局金融交易清算相关区块链技术，并积极探索区块链技术在金融领域的应用，加速区内企业金融资本清算与结算，提高金融系统的安全私密性。

表 7　江苏省区块链主要政策梳理

发文日期	文件名称	发文机关	主要内容
2017 年 12 月		苏州高铁新城	向社会开放首批 15 个区块链应用场景，并发布 9 条扶持政策，吸引区块链企业和人才落户。
2017 年 11 月 22 日	南通市人民政府办公室关于转发南通银监分局等六部门《关于加快绿色金融发展支持全市生态文明建设的实施意见》的通知	南通市人民政府办公室	三、保障措施 （二）强化科技运用。鼓励金融机构运用互联网、区块链、分布式、大数据、云计算、人工智能等技术，提高金融机构在绿色项目融资、资产定价、资源配置、风险管理和安全保障等方面的能力和水平。
2017 年 2 月	南京市人民政府下发《市政府办公厅关于印发“十三五”智慧南京发展规划的通知》		明确提出要使区块链等一批新技术形成突破并得以实际应用。

表 8 浙江省区块链主要政策梳理

发文日期	文件名称	发文机关	主要内容
2018 年 3 月		杭州余杭区未来科技城	设立雄岸全球区块链百亿创新基金，资金规模高达 100 亿元，以扶植区块链企业和人才的发展。
2018 年 2 月 14 日	杭州市人民政府办公厅关于印发《杭州城东智造大走廊发展规划纲要》的通知	杭州市人民政府办公厅	二、总体要求 （二）战略定位 围绕建设“中国制造 2025”示范区的核心区目标和要求，重点在四个方面起到战略引领作用：全球未来产业发展先行区、国家“制造强国”和“网络强国”两大战略融合发展引领区、杭州湾经济区智能制造主导区、杭州拥江发展协同创新区。 全球未来产业发展先行区。把握技术变革趋势与产业发展方向，着眼未来，提前谋划，前瞻布局，重点瞄准人工智能、量子技术、生物技术和生命科学、区块链等一批有先发优势、有发展潜力的新兴领域，加大扶持力度，努力优化环境，打造具有全球影响力的未来产业发展先行区。 三、主要任务 （一）构筑协同发展空间格局 2. 高水平建设“两区”。 （1）江滨国际智造新区。整合优化杭州高新开发区（滨江）、大江东产业集聚区（临江国家高新区）、萧山经济开发区、钱江世纪城等钱塘江南岸重点平台，强化杭州高新开发区（滨江）在新一代信息技术领域的龙头带动作用，向东辐射形成创新研发、工业云服务、国际会展、智慧物流、先进制造等产业空间格局，大力发展新一代信息技术、汽车及新能源汽车、高端装备等新兴制造业及人工智能、虚拟现实、区块链、量子技术、商用航空航天等未来产业，打造具有国际影响力和竞争力的智能制造区。 3. 提升发展重点产业平台。 （5）萧山经济开发区。主要包括市北、桥南、益农区块以及萧山科技城等，规划建设面积约 79 平方公里，现有可开发工业用地约 14 平方公里。加强内部整合提升，重点发展新能源汽车及零部件、电子信息、工业机器人等产业，加快利用先进制造技术改造提升化纤、轻纺、钢结构等传统产业，积极发展量子技术、人工智能、区块链等未来产业，打造先进制造集聚区和智能制造应用示范区。加快推进益农区块纤维新材料产业园和高端制造产业园建设，建成国家高端纤维产业集群示范区和国家新型工业化（装备制造）产业示范基地。到 2020 年，规上工业增加值达到 140 亿元以上，规上高新技术产业增加值占工业增加值比重达到 60% 左右，亩产工业增加值达到 100 万元 / 亩；到 2025 年规上工业增加值达到 160 亿元以上，规上高新技术产业增加值占工业增加值比重达到 60% 以上，亩产工业增加值达到 115 万元 / 亩。 （三）培育新型制造产业体系 2. 谋划发展前瞻未来产业。瞄准全球技术和产业发展趋势，重点谋划人工智能、虚拟现实、区块链、量子技术、增材制造、商用航空航天、生物技术和生命科学等七大未来产业，抢占未来产业竞争制高点。 ——区块链。主要依托杭州高新开发区（滨江）、萧山经济开发区，加快推动万向区块链创新聚能城建设，加快区块链层架构协议、底层技术、共识算法硬件等技术的开发和应用，打造全球性区块链研发和应用、技术迭代及更新、人才交互、信息共享平台。

续表

发文日期	文件名称	发文机关	主要内容
2018年2月8日	杭州市人民政府办公厅关于印发2018年政府工作报告重点工作责任分解的通知	杭州市人民政府办公厅	三、陈新华副市长牵头重点工作 47. 发展壮大生物医药、集成电路、物联网、新能源汽车、高端装备制造等战略性新兴产业，加快培育人工智能、虚拟现实、区块链、量子技术、商用航空航天等未来产业。 （责任单位：市经信委、市发改委、市科委）
2017年12月20日	杭州市人民政府关于加快推动杭州未来产业发展的指导意见	杭州市人民政府	一、充分认识发展未来产业的重要性和紧迫性 （二）未来产业成为竞争新焦点。发达国家纷纷加强对未来产业领域的布局，国际竞争空前激烈，已成为衡量一个国家、一个地区、一个城市科技创新和综合实力的重要标志。全球互联网和制造业巨头企业紧盯人工智能、量子技术、虚拟现实、区块链、增材制造、商用航空航天等前沿领域，加快实施技术、产业、战略“三位一体”和“软硬”融合发展。为加快推进经济转型升级，我国已经加快部署未来产业的培育发展和标准研制工作，国内众多省区市高度重视，竞相规划布局，努力抢占发展制高点、培育竞争新优势。 二、总体要求 （五）基本原则。一是坚持创新引领、重点先行。紧盯全球未来产业发展趋势，立足杭州产业基础和比较优势，在人工智能、虚拟现实、区块链、量子技术、增材制造、商用航空航天、生物技术和生命科学等重点前沿领域率先探索布局，加强产业共性关键技术研发，全面增强原始创新能力，加速构建先发优势，实现高端引领发展。二是坚持系统布局、分类施策。坚持产业、项目、平台、人才统筹规划、统筹布局、统筹推进。根据不同产业所处的不同发展阶段以及基础研究、技术研发、产业发展和行业应用的不同特点，制定差异化发展策略，有重点、有针对性地分类实施推进。三是坚持市场主导、政府引导。突出应用导向，充分发挥企业在研究开发、技术创新和成果应用等方面的主体作用，加快未来产业科技成果商业化应用。把握政府和市场的边界，强化政府在规划引导、制度建设、政策支持、市场开放、环境营造等方面的引导作用。四是坚持内外并重、共创共享。秉持开源理念，促进产学研用各创新主体共创共享。充分发挥长三角中心城市的区位优势，促进区域资源与市场的配对整合，探索建立跨区域产业协作机制。积极参与未来产业全球研发和治理，在全球范围内整合和优化配置创新资源。 三、主要任务 （七）夯实产业发展基础。将云计算、大数据作为未来产业发展的重要基础设施，深入推进“城市数据大脑”“ET工业大脑”建设，全面实施“企业上云”，进一步推动云计算、大数据技术创新、产业发展和推广应用领跑全国。充分发挥云计算、大数据在有效集聚和高效配置资源、技术、服务等创新创业要素方面的能力和作用，为未来产业发展全面赋能。深入实施“千兆智联”行动，全面推动IPv6规范化应用、推广NB—IoT建设、加快5G商用研究，抢占下一代通信标准话语权，加快建成有利于构建万物互联网和推动未来产业成果应用、全面互联互通的智能化信息基础设施。实施集成电路产业发展突破工程，重点聚焦物联网、区块链、视频编解码、数据存储、信息安全等高端专用芯片设计及产业化领域，形成产业集聚效应和差异化竞争新优势，强化集成电路对未来产业发展的核心支撑作用。加快推动信息材料、新能源材料、生物应用材料、纳米材料、超导材料、化工新材料、高性能结构材料等核心基础材料的开发和产业化，为未来产业的突破发展提供基础支撑。

续表

发文日期	文件名称	发文机关	主要内容
			（九）构建高端高效的产业体系。立足全球趋势、国家战略和杭州信息经济基础优势，加快培育人工智能、虚拟现实、区块链、量子技术、增材制造、商用航空航天、生物技术和生命科学等具有重大引领带动作用的未来产业。瞄准产业链、价值链高端，提升核心基础材料、关键技术装备、核心支撑软件和系统集成水平。在重点产业领域和产业链关键环节，招引一批世界500强企业、行业龙头企业、知名研发机构和创新服务机构，实施一批重大产业和关键技术突破创新专项。加快关键技术转化应用，促进技术集成和商业模式创新，推动重点领域产品创新，积极培育未来产业新业态，打造以龙头企业为引领、大中小企业协作发展的具有国际竞争力的未来产业体系。加快未来产业与各行业的互动融合发展，在制造、农业、商业、物流、金融、电信、医疗、教育、家居等重点行业和领域广泛开展试点示范，推动未来产业科技成果规模化应用，全面提升产业发展高端化、智能化、绿色化、服务化水平。 （十）打造良性互动的产业发展平台。充分发挥自主创新示范区和跨境电商综试区两大国家级示范区的制度创新优势，加快推动未来产业领域科技、人才、金融、政策等要素集聚和优化配置组合。以"一港两廊"建设为重点，以杭州高新开发区、杭州经济开发区、杭州大江东产业集聚区等产业发展主平台为支撑，以云栖小镇、梦想小镇、玉皇山南基金小镇、硅谷小镇、未来科技城人工智能小镇、青山湖微纳制造小镇、西溪谷区块链小镇、萧山未来智造小镇、万向区块链创新聚能城、大江东航天航空产业园等特色小镇建设为突破口，高起点、高标准创建和认定一批市级未来产业园区和特色小镇，着力打造一批国家级和省级未来产业发展平台。支持和鼓励各区、县（市）加大对现有产业发展平台的整合改造提升力度，立足自身基础和优势，有针对性地进行未来产业发展布局，推动产业特色集聚发展。全力推动与国内外未来产业领域龙头企业的全面战略合作，充分发挥大企业的引领带动作用，鼓励各类优势资源的开放共享，为中小企业创业创新赋能，加快构建产业链整合延伸、分工协作的产业集群。
2017年11月29日	浙江省人民政府办公厅关于印发《浙江省服务业"四大经济"创新发展行动方案》的通知	浙江省人民政府办公厅	六、优化"四大经济"发展载体 （四）谋划推进一批"四大经济"重大载体和重大项目。推进中心城市科技城、各类产业园、众创空间等重大载体建设，促进移动互联网、大数据、云计算、人工智能、物联网、区块链等新技术在服务领域转化应用，谋划实施一批新业态新模式示范项目。加快之江实验室建设，加快建成"互联网+"世界科技创新高地。（责任单位：省发展改革委、省经信委、省商务厅、省科技厅、省旅游局，各设区市政府）
2017年9月	西湖区政府出台《关于打造西溪谷区块链产业园的意见（试行）》	西湖区政府	根据意见，入驻企业可享受房租补助、税收优惠、科技成果奖励以及人才扶持政策。杭州市已经把区块链产业当作未来产业发展的重点，西湖区更是通过超前的认识、配套的政策、园区的设立以及生态的形成致力于打造成为这一未来产业最重要的聚集地。

续表

发文日期	文件名称	发文机关	主要内容
2017年8月24日	绍兴市人民政府关于印发《绍兴市开发区（工业园区）改造提升试点实施方案》的通知	绍兴市人民政府	三、重点任务 （三）加快动能转换 11. 推进智能制造。聚焦工业 4.0 和中国制造 2025，推进“互联网 +”“大数据 +”“机器人 +”，积极培育大数据、云计算、物联网、区块链等新一代信息技术，加快国家信息经济示范试点区建设，支持有条件的开发区（工业园区）搭建行业大数据平台，开展智能制造园区试点，实施万家企业“上云”计划和工业机器人应用倍增计划，大力推广“机联网”“智慧工厂”等智能化制造模式，协同推进数字化工厂、工业大数据应用、个性化定制和公共服务平台建设，运用数字经济全面提升产业核心竞争力。
2017年7月19日	浙江省科学技术厅、浙江省自然科学基金委员会关于印发《浙江省“十三五”重大基础研究专项实施方案》的通知	浙江省科学技术厅，浙江省自然科学基金委员会	三、主要内容 （二）大数据计算 6. 互联网金融等新兴行业大数据分析技术。针对互联网金融、服务型制造等大数据新型应用业态，研究区块链、高维动态金融大数据关联分析等技术；研究支撑服务型制造的工业大数据分析处理技术，研究个性化服务、精准营销、用户体验评价模型等技术。
2017年6月16日	杭州市人民政府关于加快推进钱塘江金融港湾建设的实施意见	杭州市人民政府	二、落实重大任务 （三）大力构筑钱江金融大数据创新基地 1. 做强金融大数据创新产业。重点依托云栖小镇、滨江科技金融集聚区、望江新金融集聚区、钱江新城、钱塘智慧城、金沙湖商务区等大数据创新基地，引进培育金融云计算平台、数据驱动型金融机构、金融大数据服务企业、互联网金融交易平台、金融区块链技术公司等金融大数据创新企业和平台，建立浙江金融行业云，促进金融大数据创新企业成长并形成行业集群。 三、深化重点举措 （三）提升服务实体经济能力 支持金融机构探索区块链等新型技术，开发基于产业链、供应链、区块链等的融资产品。创新开展适合实体经济企业融资特点的新型融资业务。加快推进科技金融专营机构建设，增加科技金融供给主体。支持创投、众筹、创业辅导等机构的发展，为中小微企业提供融资、融智服务。引导并购基金、股权投资基金带领杭州上市公司走出去，推动上市公司拓展国际业务。建设科创股权融资转让平台，搭建创投生态圈。积极鼓励企业利用各类金融要素交易平台发行债券、股票以及权益转让类、资产证券化类等直接融资产品。

发文日期	文件名称	发文机关	主要内容
2016年12月23日	浙江省人民政府办公厅关于推进钱塘江金融港湾建设的若干意见	浙江省人民政府办公厅	七、加强产业和生活配套设施建设。建设疏密有度、错落有致的金融集聚空间，有效集聚各类金融机构、财富管理机构、新金融机构以及金融大数据、云计算、区块链、人工智能、互联网征信等金融科技类企业。加大政府投入，推进城际铁路、地铁、公路、水上巴士等交通基础设施规划建设，积极拓展国际航线，提升区域之间的互联互通能力；大力支持金融人才公寓、外籍人员子女学校和医疗、保健等生活配套设施建设；推进钱塘江—富春江沿线防洪排涝和生态工程建设，加强流域综合治理。

表9　河北省区块链主要政策梳理

发文日期	文件名称	发文机关	主要内容
2018年4月21日	河北雄安新区规划纲要	中共河北省委员会，河北省人民政府	第五章　发展高端高新产业 第二节　明确产业发展重点 新一代信息技术产业。围绕建设数字城市，重点发展下一代通信网络、物联网、大数据、云计算、人工智能、工业互联网、网络安全等信息技术产业。近期依托5G率先大规模商用、IPv6率先布局，培育带动相关产业快速发展。发展物联网产业，推进智能感知芯片、智能传感器和感知终端研发及产业化。搭建国家新一代人工智能开放创新平台，重点实现无人系统智能技术的突破，建设开放式智能网联车示范区，支撑无人系统应用和产业发展。打造国际领先的工业互联网网络基础设施和平台，形成国际先进的技术与产业体系。推动信息安全技术研发应用，发展规模化自主可控的网络空间安全产业。超前布局区块链、太赫兹、认知计算等技术研发及试验。
2018年3月	河北省人民政府印发《关于加快推进工业转型升级建设现代化工业体系的指导意见》	河北省人民政府	提出积极培育发展区块链等未来产业，打造世界级高端高新产业集群。

发文日期	文件名称	发文机关	主要内容
2018年2月7日	河北省人民政府关于印发《河北省战略性新兴产业发展三年行动计划》的通知	河北省人民政府	附件1： 大数据与物联网产业发展专项实施方案 三、重点任务 （一）大力发展大数据产业。加大龙头企业引进力度，在数据存储、数据清洗、数据分析、数据挖掘、数据可视化、数据保护等领域开发与引进一批关键技术和产品，建立数据采集、加工、处理、整合、交易等服务平台；支持开展海量数据存储、集群资源调度、计算资源虚拟化、区块链、虚拟现实等前沿技术研发，着力在行业大数据分析、预测、决策及应用方面取得突破。延伸大数据产业链条，支持第三方机构和国际企业提供大数据服务，培育数据服务新模式新业态；创新廊坊、承德大数据交易机构运营机制，扩大数据交易范围和规模；探索建设京津冀衡水数字货币产业园。有序推进大数据中心布局与建设，按照京津冀大数据综合试验区规划方案，加快石家庄、承德、张家口、秦皇岛、廊坊等市和雄安新区数据产业发展，鼓励采用可再生能源、分布式供能、低功耗服务器等节能方式建设绿色数据中心，加快阿里张北云联数据中心二期、润泽国际信息港三期、承德德鸣数据中心、衡水北斗大数据中心等重点项目建设，大数据基地服务器规模达到200万台。

表10　辽宁省区块链主要政策梳理

发文日期	文件名称	发文机关	主要内容
2018年1月18日	辽宁省人民政府办公厅关于积极推进供应链创新与应用的实施意见	辽宁省人民政府办公厅	三、保障措施 （三）加强供应链信用和监管服务体系建设 完善省信用数据交换平台、“信用辽宁”网站等，并与全国平台联网，促进商务、质监、工商、金融、海关、出入境检验检疫等部门和机构之间公共数据资源互联互通，构建协同监管、联合惩戒的新机制。研究利用区块链、人工智能等新兴技术，建立和完善基于供应链的信用评价制度和行业信用评估标准。推进各类供应链平台有机对接，加强对信用评级、信用记录、风险预警、违法失信行为等信息的披露和共享，做到信用评级、信用记录等信息在行业监督平台和“信用辽宁”网站全面公示和共享。整合供应链各环节涉及的市场准入、质监、海关、出入境检验检疫等政策，创新供应链监管机制，加强供应链风险管控，促进供应链健康稳定发展。（省发展改革委、省交通运输厅、省商务厅、省地税局、省工商局、省质监局、省食品药品监管局、省国税局、人民银行沈阳分行、大连海关、沈阳海关、辽宁出入境检验检疫局等按职责分工负责）

表 11　山东省区块链主要政策梳理

发文日期	文件名称	发文机关	主要内容
2018 年 2 月 13 日	山东省人民政府关于印发《山东省新旧动能转换重大工程实施规划》的通知	山东省人民政府	第六章　提升传统产业改造形成新动能 第五节　现代金融服务 推动金融业务创新。加快完善金融市场、金融组织、金融产品和服务模式，更好满足实体经济和人民群众多样化的金融需求。鼓励利用互联网、大数据、人工智能等，进行金融业务流程改造和产品创新。积极发展养老金融、教育金融、文化金融、旅游金融、农村金融等新型金融服务。规范发展互联网金融、区块链、人工智能等领域的新型金融业态。支持小额贷款公司、典当、融资租赁、商业保理等金融组织创新、可持续发展。统筹发展介于现货与期货之间的大宗商品交易业务，打造具有全国影响力的交易场所。支持济南推进新旧动能转换金融创新发展试点，开展金融服务实体经济改革创新。支持烟台开展基金管理服务专项改革创新，青岛建设财富管理金融综合改革试验区。支持枣庄、临沂等市开展普惠金融改革创新，探索完善区域普惠金融服务体系。支持潍坊建设文化艺术金融综合试验区、德州举办京津冀鲁资本技术交易大会。 第十章　构筑动能转换政策体系 第二节　创新金融政策 创新企业融资方式和金融服务模式，引导金融资源配置向经济社会发展重点和薄弱领域倾斜，推动金融服务普惠化、绿色化发展。 增强创新创业金融支持。发挥政府股权投资引导基金的引导作用，健全从实验研究、中试到生产全过程的科技创新融资模式。发展各类风险投资，完善退出机制，在股权质押、产权流转、风险防控等方面先行先试。整合省内各类股权投资基金，建立与国家新兴产业创投引导基金、科技成果转化基金等的合作机制，促进省内创新型小微企业加速发展。建立以互联网为基础，集中统一的不动产权益抵质押登记平台。推动发展小微金融，鼓励银行机构设立小微企业专营机构和专业支行，支持小微企业到区域股权交易市场挂牌，改善对初始创业者的金融服务。 在确保依法依规、风险可控的前提下，积极运用互联网、物联网、人工智能、大数据、区块链等现代金融科技手段，努力提高金融服务效率和水平。充分利用山东省企业融资服务网络系统实时、直达的优势，加大对全省新旧动能转换重大工程推介力度，实现“线上推介”与“线下对接”有机结合。支持中小微企业发行企业债、公司债等债券融资工具，提高直接融资比重。（省发展改革委、省交通运输厅、省商务厅、省地税局、省工商局、省质监局、省食品药品监管局、省国税局、人民银行沈阳分行、大连海关、沈阳海关、辽宁出入境检验检疫局等按职责分工负责）

续表

发文日期	文件名称	发文机关	主要内容
2017年6月	山东省市北区人民政府印发《关于加快区块链产业发展的意见（实行）》		力争到2020年，形成一套区块链可视化标准，打造一批可复制推广的应用模板，引进和培育一批区块链创新企业。
2017年4月11日	山东省财政厅关于印发《山东省国际化注册会计师人才能力提升工程实施意见》的通知	山东省财政厅	五、培训内容 国际会计准则与美国会计准则综合比较及实战应用、国际审计准则与中国审计准则综合比较及实战应用、国际“四大”会计公司审计业务案例分析、主要国家税收构架与政策、税收常规及程序、国际税收、联邦所得税、跨国交易税收政策与惯例、转让定价、国际管理咨询业务需求及案例分析、企业并购战略与并购整合及相关案例分析、中国企业海外并购常见问题及对策、与境外注册会计师的协作流程、与境外政府及部门的沟通程序、投资集中国法律环境介绍、注册会计师的服务结果与法律责任承担、区块链技术探讨及行业应用示范等。
2016年12月20日	青岛市商务局关于印发《青岛市推进中英地方贸易投资合作重点城市建设实施方案》的通知	青岛市商务局	二、重点任务 （一）围绕“创新中心”建设，实施对英贸易投资优化工程 1. 推进金融合作发展创新。加强与英国金融机构合作，积极争取引进英国各类金融机构、金融要素市场落户青岛。依托青岛市北区政府联合国际大学创新联盟（IUIA）建立的中英金融科技孵化器，利用青岛国际邮轮港和伦敦金丝雀码头的金融领域优势，打造金融科技孵化及跨境加速平台，通过论坛、讲座、项目路演及国际跨境加速等方式，促进中英两国金融科技领域的产学研合作，加速区块链等技术在金融应用领域的研发和推广。学习借鉴英国财富管理行业资格认证体系，积极探索引进英国金融教育培训机构在青岛设立财富管理学院，吸引更多的欧洲金融资源向青岛聚集。

表 12　安徽省区块链主要政策梳理

发文日期	文件名称	发文机关	主要内容
2018 年 4 月 2 日	安徽省人民政府关于深化“互联网 + 先进制造业”发展工业互联网的实施意见	安徽省人民政府	二、主要任务 （三）构筑充分对接新一代信息技术的智慧制造体系 加大关键共性技术攻关力度。支持智能语音和新型人机交互、自然语言处理、智能决策控制等关键技术的研发和产业化。加强智能传感器及物联网技术研发，促进传感器等领域的产业化创新发展。探索发展量子通信技术，加快产业化进程。开展 5G、软件定义网络等技术在工业互联网中的应用研究。促进边缘计算、人工智能、增强现实、虚拟现实、区块链等新兴前沿技术在工业互联网中的应用研究与探索。（省科技厅牵头，省发展改革委、省经济和信息化委等配合）
2018 年 2 月 12 日	安徽省人民政府关于进一步扩大和升级信息消费持续释放内需潜力的意见	安徽省人民政府	二、扩大信息消费供给 专栏 2：智慧交通建设工程 （三）提升信息技术服务能力。支持大型企业建立基于互联网的“双创”平台，为全社会提供专业化信息服务，支持行业骨干企业利用互联网平台向创新创业主体开放技术、管理等资源。加快信息消费领域众创空间等新型创业服务平台建设，为中小微企业提供融资、设计、测试、生产、运营、维护等创新创业服务。推动信息技术服务企业提升“互联网 +”环境下的综合集成服务能力。鼓励利用开源代码开发个性化软件，开展基于区块链、人工智能等新技术的试点应用，加快在工业控制、智能工厂等新兴应用领域发展。加快布局特色产业集群，打造国内独具特色的安全电子创新及应用中心。（省经济和信息化委牵头，省发展改革委、省科技厅等配合）
2017 年 11 月 15 日	淮北市人民政府办公室关于印发《淮北市物流业“十三五”发展规划》的通知	淮北市人民政府办公室	六、重点工程 （五）智慧物流培育工程 2. 打造智慧物流体系 加大信息技术在淮北市物流业的应用，支持淮北市电子信息企业为物流信息化研发制造 RFID 射频标签产品。抓住淮北建设智慧城市试点机遇，加快建立凤凰山物流园区、龙湖物流园区等智慧物流试点，加大智能技术应用。推动仓储设施从传统结构向网格结构升级，建立深度感知智能仓储系统，实现存、取、管全程智能化，率先在新惠康物流配送中心、烟草综合配送中心等进行试点应用。推动云计算、大数据、物联网、北斗导航、自动识别、数据交换、区块链等技术在物流运输、仓储、配送等领域应用，实现运输可视化、仓储自动化、配送智能化以及装卸、搬运、包装和流通加工环节自动化。依托先进信息技术与信息平台，探索无车承运人等高效便捷物流新模式，打造淮北智慧物流新体系。

续表

发文日期	文件名称	发文机关	主要内容
2017 年 10 月 26 日	铜陵市人民政府办公室关于印发《促进大数据产业发展若干政策》的通知	铜陵市人民政府办公室	一、促进重点领域发展 （一）重点支持在我市登记注册、纳税，具有独立法人资格的大数据技术研究及产品开发企业，主要包括数据采集加工、算法建模、分析发掘、数据展现、行业应用、数据交易以及与其直接关联的云计算、物联网、人工智能、智能硬件、3D 打印、虚拟与增强现实技术、区块链等企业。具体由市信息办会同有关部门进行认定。

表 13　福建省区块链主要政策梳理

发文日期	文件名称	发文机关	主要内容
2018 年 4 月 20 日	福建省人民政府关于深化“互联网 + 先进制造业”发展工业互联网的实施意见	福建省人民政府	四、加强产业技术支撑 （十一）培育多元创新主体。支持省内工业、软件、信息化综合服务企业组建工业互联网创新中心，打造国家级工业互联网创新中心，快速实现新技术、新产品、新模式的首次商业化应用和推广。鼓励企业与高等学校、科研机构联合打造国家级工业互联网实验室，推动成立工业互联网研究院。支持制造企业与知名互联网企业开展联合攻关，突破特定行业工业互联网平台关键技术。鼓励省内科技小巨人、单项冠军等创新型企业前瞻布局与工业互联网相适用的信息物理系统参考模型、机器视觉、人工智能、虚拟现实、区块链、边缘计算等新兴技术。支持各类主体围绕工业互联网的平台架构、基础共性技术、通用标准规范等开展研发创新。鼓励创新工业互联网平台运营策略和商业模式，实现平台运营服务商、工业企业、软件企业、软件开发者等多方主体共赢。
2018 年 1 月 25 日	福建省人民政府办公厅关于加快全省工业数字经济创新发展的意见	福建省人民政府办公厅	二、夯实工业数字经济产业基础 （三）加快新兴信息技术产业化 探索区块链技术创新。挖掘区块链技术价值，鼓励企业加入开源社区，利用国际开源技术资源进行再创新，推动区块链在社会治理、资产管理、公示公证、社会救助、知识产权、工业检测存证等领域的应用。 （责任单位：省发改委、经信委、科技厅、质监局，省通信管理局，省电子信息集团，各设区市人民政府、平潭综合实验区管委会）

续表

发文日期	文件名称	发文机关	主要内容
2017 年 6 月 12 日	福建省人民政府办公厅转发省农信联社关于《福建农信普惠金融发展行动计划（2017-2020 年）》的通知	福建省人民政府办公厅	三、重点任务 （三）持续推进智慧农信。1. 加快数字化设施建设。利用移动互联网、云计算、大数据、人工智能、物联网、区块链等金融科技新技术，推动数字化、移动化、普惠化，让更高效、平等、透明的金融服务进一步普及城乡、惠及大众。2. 提升移动智能终端。积极打造“移动银行＋移动生活＋移动支付＋移动营销”四位一体、覆盖多种应用场景的移动金融生态圈，稳步推广远程银行、移动柜员机、金融服务机器人、移动便民终端等移动服务，创新推出云闪付、二维码扫码收单等新型移动支付业务，大力推广手机银行、微信银行、网上银行等电子化金融产品。

表 14　甘肃省区块链主要政策梳理

发文日期	文件名称	发文机关	主要内容
2018 年 1 月 29 日	甘肃省人民政府办公厅关于积极推进供应链创新与应用的实施意见	甘肃省人民政府办公厅	三、保障措施 （三）持续加强供应链信用和监管服务体系建设 推进全省信用信息共享平台、全省企业信用信息公示系统和“信用甘肃”网站建设，健全政府部门信用信息共享机制，促进商务、海关、质监、出入境检验检疫、工商、银行等部门和机构之间公共数据资源的互联互通。研究利用区块链、人工智能等新兴技术，建立基于供应链的信用评价机制。推进各类供应链平台有机对接，强化动态监管，依法加强对信用评级、信用记录、风险预警、违法失信行为等信息的披露和共享，努力构建守信联合激励和失信联合惩戒的长效机制。创新供应链监管机制，整合供应链各环节涉及的市场准入、海关、质监、出入境检验检疫等政策，加强供应链风险管控，促进供应链健康稳定发展。（省发展改革委、省交通运输厅、省商务厅、人行兰州中心支行、兰州海关、省国税局、省地税局、省工商局、省质监局、省食品药品监管局、甘肃出入境检验检疫局等按职责分工负责）

续表

表 15　广西壮族自治区区块链主要政策梳理

发文日期	文件名称	发文机关	主要内容
2017 年 12 月 14 日	广西壮族自治区人民政府办公厅关于印发《广西进一步扩大和升级信息消费持续释放内需潜力实施方案》的通知	广西壮族自治区人民政府办公厅	二、重点任务 （二）大力发展软件和信息技术服务业。加强基础软件的研发和推广应用，重点支持各类嵌入式操作系统及关键软件的研发及产业化；鼓励开发具有自主知识产权的工业软件产品，推动工业生产业务流程再造和优化，提升工业装备和产品智能化水平；发展东盟语种应用软件、数字内容处理软件等产品。支持大中型企业建立基于互联网的“双创”平台，发挥好中小企业公共服务平台作用，面向社会提供专业化信息服务。加快发展信息系统安全测评、风险评估及技术支持服务，促进信息技术与新型终端和互联网服务的结合，扩展数字内容产业链。发展信息内容产品开发及服务、数字互动娱乐、移动支付、位置服务及社交网络服务。开展基于区块链、人工智能等新技术的试点应用。（责任单位：自治区工业和信息化委、科技厅、发展改革委等）
2017 年 12 月 13 日	广西壮族自治区人民政府办公厅关于印发《广西创新管理优化服务培育壮大经济发展新动能加快新旧动能接续转换实施方案》的通知	广西壮族自治区人民政府办公厅	附件：广西创新管理优化服务培育壮大经济发展新动能加快新旧动能接续转换工作任务分解表 三、激发新生产要素流动的活力 （十）完善智力要素集聚流动机制。 6 营造有利于跨界融合研究团队成长的氛围。 （71） 结合我区创新驱动发展战略，着力打造九张创新名片，实施一批重大科技专项。创新体制机制，突破院所和学科管理限制，在人工智能、区块链、能源互联网、智能制造、大数据应用、基因工程、数字创意等交叉融合领域，构建若干产业创新中心和创新网络。 责任部门：科技厅 （72） 建成一批具有国际水平、突出学科交叉和协同创新的科研基地，着力推动跨界融合的颠覆性创新活动。 责任部门：科技厅

续表

发文日期	文件名称	发文机关	主要内容
2017 年 12 月	广西壮族自治区人民政府办公厅关于印发《广西进一步扩大和升级信息消费持续释放内需潜力实施方案的通知》	广西壮族自治区人民政府办公厅	大力发展软件和信息技术服务业，开展基于区块链、人工智能等新技术的试点应用。
2017 年 11 月 17 日	广西壮族自治区商务厅关于建立广西重要产品追溯体系建设重点项目库的通知	广西壮族自治区商务厅	二、项目类别及相关标准 （二）肉菜流通追溯体系建设项目 项目主体：各市商务主管部门。 建设要求：根据商务部《肉菜流通追溯体系建设规范》等相关标准要求，运用先进适用的追溯技术手段，建设覆盖机械化定点屠宰厂、大型批发市场、标准化农贸市场、大中型连锁超市以及部分团体消费单位的肉菜流通追溯体系。已建成肉菜流通追溯体系的城市，围绕“扩品种、提质量、增效能”目标优化提升原有系统，探索创新技术手段，重点推进二维码、无线射频识别（RFID）、视频识别、区块链等技术应用，提高追溯单元信息采集与传递的智能化和准确性，提高数据处理和综合分析能力。 （四）名优特产品追溯体系建设项目 项目主体：各市商务主管部门，县级（含县级市、区）政府或商务主管部门，各地产业化、规模化的名优特产品生产流通龙头企业，广西特产行销全国核心品牌企业，“广西有礼”伴手礼企业，“一市一品”企业。鼓励经营类型相同的多家企业联合申报。 建设要求：按照行业已有追溯标准和国家重要产品追溯标准（国家标准委办公室、商务部办公厅制定中），利用物联网、云计算、二维码、区块链等先进适用的追溯技术，建设覆盖种养殖、生产加工、存储运输、终端销售全过程的名优特产品追溯链条，实现产品的品牌化生产、规范化经营、电子化交易、专业化检测、信息化追溯，力争打造链条完整、有一定品牌价值的当地特色优势产品追溯体系。 （五）重要产品生产经营企业追溯系统建设项目 项目主体：食用农产品、食品、药品、农业生产资料、特种设备、危险品、稀土产品等重要产品生产经营企业。鼓励产品生产流通上下游企业联合申报。 建设要求：按照行业已有追溯标准和国家重要产品追溯标准（国家标准委办公室、商务部办公厅制定中），利用物联网、云计算、二维码、区块链等先进适用的追溯技术开展追溯系统建设，以责任主体和流向管理为核心，落实生产经营主体追溯责任，实现产品来源可查、去向可追、质量可估、责任可究，并与自治区、市管理平台以及相关政府部门管理平台实现对接。

表 16　贵州省区块链主要政策梳理

发文日期	文件名称	发文机关	主要内容
2018 年 4 月 13 日	贵州省人民政府办公厅关于积极推进供应链创新与应用的实施意见	贵州省人民政府办公厅	三、保障措施 （三）加强信用监管服务 完善全国信用信息共享平台（贵州）和“信用中国（贵州）”网站，健全政府部门信用信息共享机制，促进商务、海关、质检、工商、银行等部门和机构之间公共数据资源的互联互通。全面建成国家企业信用信息公示系统（贵州），完善企业信用信息归集、共享和利用一体化信息平台，健全政府部门涉企信息归集共享机制，落实企业信息公示制度。推进“双随机、一公开”监管。依法实施守信激励和失信联合惩戒。研究利用区块链、人工智能等新兴技术，建立基于供应链的信用评价机制。引导应收账款债权人企业通过应收账款融资服务平台报送债务人的付款信息，建立应收账款债务人及时还款约束机制，规范应收账款履约行为，优化商业信用环境。推进各类供应链平台有机对接，加强对信用评级、信用记录、风险预警、违法失信行为等信息的披露和共享。创新供应链监管机制，整合供应链各环节涉及的市场准入、海关、质检等政策，加强供应链风险管控，促进供应链健康稳定发展。（责任单位：省发展改革委、省交通运输厅、省商务厅、省食品药品监管局、省地税局、省工商局、省质监局，人行贵阳中心支行、贵阳海关、省国税局、贵州出入境检验检疫局）
2018 年 2 月 7 日	贵州省人民政府关于印发《贵州省实施“万企融合”大行动打好“数字经济”攻坚战方案》的通知	贵州省人民政府	一、总体要求 （二）基本原则 ——升级存量、培育增量。准确把握“大数据+”“+大数据”两个方向。加快运用大数据改造传统产业，提升自动化、数字化、绿色化水平，促进核心竞争力升级，加快壮大物联网、人工智能、共享经济、区块链等新业态，优化实体经济结构，提升融合发展质量。
2017 年 12 月 29 日	贵州省人民政府办公厅关于印发《贵州省推进普惠金融发展实施方案（2016—2020 年）》的通知	贵州省人民政府办公厅	三、积极创新普惠金融产品和服务手段 （十）运用新兴信息技术拓展普惠金融服务 19. 依托我省“大数据”战略，以贵州金融云建设为抓手，建成金融机构与中小微企业金融服务智能撮合平台，为金融机构输出大数据、云计算、区块链、人工智能等前沿新兴金融科技技术，鼓励金融机构打造自身互联网金融服务平台，拓展服务范围和服务领域的广度和深度。（省政府金融办、省大数据发展管理局、人行贵阳中心支行、贵州银监局、贵州保监局、省通信管理局）

续表

发文日期	文件名称	发文机关	主要内容
2017年12月25日	南明区人民政府关于印发《南明区创建充分就业城区工作方案》的通知	贵阳市南明区人民政府	四、主要工作 （二）大力推进产业升级创造就业 4. 围绕现代服务业和山地旅游，做大三产就业体量。支持一批具有艺术性、实用性、便携性的特色旅游商品企业做大做强，更好地发挥生态、山地和民族文化优势，实现旅游产业发展带动就业增加。积极推动大数据金融、众筹金融、移动金融、区块链金融为特色的新金融业态健康发展。实施现代服务业“十百千”工程，进一步推进物流、商贸、科技信息、电子商务等新兴业态，发展生产性服务业、健康养老、文体娱乐等新型消费产业。（牵头单位：区发展和改革局、区政府金融办；责任单位：区工业和信息化局<区大数据局>、区投资促进局、区财政局、区统计局、区农水局、区商务局、区旅游局、区文化广播电视、区人力资源和社会保障局、各乡、社区服务中心）
2017年12月21日	贵州省人民政府办公厅关于印发《贵州省“十三五”深化医药卫生体制改革规划》的通知	贵州省人民政府办公厅	三、重点任务 （六）统筹推进相关领域改革 4. 实施健康医疗信息化建设 促进健康医疗大数据应用。健全基于大数据的医院评价体系，整合临床运营、成本核算、质量评价数据，提高评价结果的权威性和可信度，并将其与医院评审评价、经费拨付、绩效工资等挂钩。加快居民健康卡发行与应用，落实居民健康卡卫生计生服务一卡通身份，建立居民健康服务唯一身份标识和居民健康信息授权更新及调阅机制，加强健康医疗线上线下协同服务，加快个体健康信息数据集聚；加快推进居民健康卡、社会保障卡等应用集成，依托居民健康卡建立实名就医服务，促进居民健康信息动态、实时、连续更新，构建居民全生命周期健康档案。积极推动医疗卫生服务机构开展基于互联网+诊疗、康复、预防保健等延伸服务。全面推进卫生计生行业治理大数据、健康医疗临床和科研大数据、公共卫生大数据应用。发展个性化体育健身服务、智慧健康养老养生服务、健康旅游服务，推动健康医疗大数据相关产业集聚，培育健康医疗大数据应用新业态。依托“医疗健康云”“云上贵州”系统平台，结合区块链中数据不可篡改、透明、可追溯、多节点等特性，建设省级医疗健康区块链。

续表

发文日期	文件名称	发文机关	主要内容
2017年10月13日	贵阳市人民政府关于印发《贵阳市创建充分就业城市工作意见》的通知	贵阳市人民政府	四、主要工作 （二）大力推进产业升级创造就业 4. 围绕现代服务业和山地旅游，做大三产就业体量。构建以省“100个旅游景区”贵阳项目建设为重点的国际化旅游产品体系，支持一批具有艺术性、实用性、便携性的特色旅游商品企业做大做强，更好地发挥生态、山地和民族文化优势，实现旅游产业发展带动就业增加。加大贵州金融城“引金入筑”力度，积极推动大数据金融、众筹金融、移动金融、区块链金融为特色的新金融业态健康发展。实施现代服务业“十百千”工程，进一步推进物流、商贸、科技信息、电子商务等新兴业态，发展生产性服务业、健康养老、文体娱乐等新型消费产业。（牵头单位：市发展改革委、市政府金融办；责任单位：市工业和信息化委、市投资促进局、市财政局、市统计局、市农委、市商务局、市旅游产业发展委、市文化新闻出版广电局、市大数据委、市人力资源社会保障局）
2017年7月4日	贵州省人民政府办公厅关于促进和规范健康医疗大数据应用发展的实施意见	贵州省人民政府办公厅	四、培育健康医疗大数据应用新业态 （四）推动健康医疗大数据相关产业集聚。依托省内大数据和健康医疗产业基础较好的地区，积极争取国家支持建设健康医疗大数据中心、健康医疗大数据应用创新中心和健康医疗科技文化产业园，推进区块链在健康及医疗领域的试点和应用，引进培育一批数字化健康医疗智能设备研发和制造企业，加快发展人工智能技术、生物三维（3D）打印技术、大型医疗设备、健康和康复辅助器械、可穿戴设备以及相关微型传感器件。支持传统食品药品企业、医疗卫生机构等推广应用新一代信息技术和产品，加快健康医疗智能装备产业转型升级。（牵头单位：省卫生计生委、省发展改革委，责任单位：省经济和信息化委、省科技厅、省文化厅、省大数据发展管理局、省政府金融办，各市〔州〕人民政府、贵安新区管委会）

续表

发文日期	文件名称	发文机关	主要内容
2017年6月7日	贵阳市人民政府办公厅关于印发《关于支持区块链发展和应用的若干政策措施（试行）》的通知	贵阳市人民政府办公厅	关于支持区块链发展和应用的若干政策措施（试行） 为加速推进贵阳区块链发展和应用，推动信息互联网向价值互联网发展，促进区块链各类要素资源集聚，围绕《贵阳区块链发展和应用》白皮书的总体布局及有关要求，特制定本政策措施。 本政策措施支持对象为工商、税务、统计登记在贵阳市，具有法人资格并实行独立核算的区块链企业或相关机构；在贵阳市从事区块链及相关工作的个人。相关奖励已获认定或批准有关资质为条件的，均只针对本政策措施颁布之后新获认定或批准有关资质的企业或相关机构。 第一章　主体支持 第一条　积极推荐区块链企业申报贵州省科技型企业成长梯队。区块链企业被认定为贵阳市创新型领军企业、创新型中小企业进行培育的，分别给予40万元、20万元的补助。区块链企业被认定为高新技术企业的，给予一次性20万元的奖励，符合条件的依法享受相关税收优惠政策。 第二条　符合“3个20万元”扶持条件的区块链微型企业，在获得扶持资格后给予10万元财政资金补助（含直接补助和后续深度扶持补助）、20万元的税收贡献激励以及20万元的相关贷款支持。 第三条　鼓励引导区块链企业及其相关机构入驻贵州大数据综合试验区区块链创新发展基地，按照合理自用原则，经审核后免费入驻；对入驻政府投资建设的办公用房的，实行收支两条线管理，租赁面积在300平方米以内的，给予全额房租补贴。 第二章　平台支持 第四条　鼓励由区块链企业或相关机构牵头建立围绕区块链场景应用的产业技术创新战略联盟，被认定为国家级产业技术创新战略联盟的，给予一次性500万元补助，并在科研项目立项上给予重点倾斜支持。 第五条　鼓励区块链企业和相关机构围绕区块链应用场景需求，积极探索在区块链领域开展测试、数字资产鉴定、评估、抵押等业务。对成立区块链测试、数字资产鉴定、评估、抵押等专门机构的，经认定获得相关资质后给予一次性100万元的补助。 第六条　对新认定的区块链领域的国家地方联合工程研究中心（工程实验室），按照省级支持额度，市级按1：1比例给予配套资金支持。对新认定的区块链领域的国家级、省级企业技术中心，分别给予一次性500万元、100万元的资助。 第七条　对新认定的区块链领域的国家级工程技术研究中心、重点实验室和省级工程技术研究中心、重点实验室，分别给予一次性500万元、100万元资助，对已经认定并考核优秀的上述创新平台，给予持续支持。

续表

发文日期	文件名称	发文机关	主要内容
			第八条　推进小微企业创业创新基地城市示范，建设区块链创业创新示范基地，对于以区块链场景应用为主的创业创新基地给予不超过建设费用总额 20% 且最高不超过 500 万元的一次性补贴。经获得以区块链场景应用为主的国家级、省级、市级创业创新示范基地，分别给予 100 万、50 万、30 万一次性奖励。对通过年度考核的市级以上区块链创业创新基地给予最高不超过 50 万元的运营补贴。 第九条　支持和鼓励区块链场景应用孵化器建设。经认定的国家级、省级、市级区块链领域众创空间（孵化器）分别给予 50 万元、30 万元、20 万元的一次性奖励。对市级区块链领域众创空间（孵化器），基于创新创业服务情况进行年度考核，根据年度考核评分给予每年最高不超过 40 万元补贴。 第三章　创新支持 第十条　鼓励区块链企业向高校、科研院所、科技服务机构等单位或其他企业购买科技创新服务和技术成果。对区块链企业购买科技创新服务和技术成果并签订技术合同的，经认定按成交额的 5% 给予资助，其中签订技术开发合同和技术转让合同的，资助最高不超过 50 万元；签订技术咨询和技术服务合同的，资助最高不超过 20 万元。 第十一条　以区块链应用场景需求为导向，研制和推广主权区块链、绳网理论、精准扶贫、数据铁笼、供应链管理等领域的重点标准。对牵头制定区块链技术及场景应用相关标准的单位或个人，按国际标准、国家标准、行业标准、地方标准分别给予 100 万元、50 万元、20 万元、10 万元补助。鼓励具备相应资质能力的各类社会团体法人协调相关市场主体，共同制定满足区块链应用需求的团体标准，对牵头制定区块链团体标准的单位给予 10 万元补助。 第十二条　加大对区块链重大创新及成果转化项目的支持力度，对获得国家科技财政拨款的重大科技项目，给予国家财政资助额的 50%、最高不超过 500 万元的补助。 第十三条　区块链企业对被认定为贵阳市知识产权示范企业的，在签订示范工作合同后资助 10 万元，实施示范工作一年后经中期检查合格的再资助 10 万元，三年示范工作结束后经考核合格的继续给予 30 万元资助。 第十四条　对新获得中国专利金奖、中国专利优秀奖的区块链企业分别给予 30 万元、10 万元奖励，对新获得贵州省专利金奖的区块链企业给予 10 万元资助。支持企业以转让、实施许可等方式购买专利所有权或专利使用权，交易额在 20 万元以上属非关联交易的，按照交易额的 10% 予以补助，最高不超过 20 万元一次性资助。 第四章　金融支持 第十五条　区块链企业技术及场景应用项目符合《贵州省科技成果转化基金管理暂行办法》规定的，可申请贵州省科技成果转化基金以股权投资方式直接投资，比例不超过企业注册资本或总投资的 20%。 第十六条　对区块链企业通过融资担保方式获得的银行贷款，给予贷款利息及担保费用全额补贴。 第十七条　支持和鼓励区块链企业上市，分阶段给予奖励。在主板上市的奖励 1000 万元，在中小板、创业板上市的奖励 500 万元，在新三板上市的奖励 150 万元。

续表

发文日期	文件名称	发文机关	主要内容
			第五章　人才支持 第十八条　加强区块链创新创业人才的引进培养，对入选贵州省“百人领军人才”“千人创新创业人才”的区块链创新创业领军人才，引进当年分别给予每人100万元、50万元奖励，第二年、第三年项目达产并实现预期效益目标的，经考核认定，继续给予相应的支持；荣获“黔灵科技贡献奖”的，给予100万元一次性奖励。 第十九条　对区块链企业引进应届本科毕业生，签订1年以上期限劳动合同达到5名的，一次性奖励1万元，每增加1名，奖励1000元；引进具有区块链相关工作经验人才并签订3年以上期限劳动合同的，按每人5000元给予一次性奖励；引进高层次人才并签订工作合同或项目合作协议的，按每人1万元给予一次性奖励。对同一家企业最高奖励每年不超过10万元。 第二十条　支持海外高层次人才、院士、国家级专家学者、“千人计划”专家、区块链高层次人才和创新团队在我市创办区块链企业。符合《贵阳市引进高层次人才办法》《贵阳市高层次人才认定暂行办法》的区块链高层次人才，取得高层次人才绿卡后，可按规定享受住房、医疗、社保、子女入学、配偶就业等优惠政策和便利服务。 第六章　附则 第二十一条　凡落户我市的区块链企业，从企业注册到正式运营过程中所涉及的行政审批和公共服务事项，均可委托各级代办服务中心免费办理，各级政务服务中心按照《贵阳市重大投资项目审批服务绿色通道暂行办法》有关规定，提供绿色通道服务。探索区块链技术在政策兑现过程中的场景应用，在兑现程序简单的事项上率先实施，方便企业，提升效率。 第二十二条　本政策措施中所涉及资金，省、市已明确兑现渠道的，遵照执行；未明确兑现渠道的，按属地原则，所需资金由区块链企业（或相关机构）登记注册所在县（市、区、开发区）人民政府（管委会）承担，并由所在地大数据主管部门组织实施。市大数据发展管理委员会牵头对政策兑现情况进行督促落实，确保各项资金发放到位。 第二十三条　本政策措施与国家、省、市、各区（市、县、开发区）已出台政策重复或同一事项适用于多项优惠政策内容的，在企业自主选择基础上，按“从优不重复”“晋级补差”的原则予以支持。 第二十四条　本政策措施自颁布之日起施行，有效期至2020年12月31日。本政策措施由贵阳市大数据发展管理委员会负责解释。

续表

发文日期	文件名称	发文机关	主要内容
2017年3月28日	贵阳市人民政府关于贵阳市加快推进政府数据共享开放的实施意见	贵阳市人民政府	二、统筹建设政府数据共享开放管理体系 （一）健全数据资源统筹管理机制 建立政府数据资源统筹管理和调度运行机制，加强市大数据委对全市数据资源统筹管理，实现全市政府数据资源目录的集中存储和统一管理，推进数据共享开放和集约化利用。制订数据资源管理办法，推进政府数据的共享和开放。建立数据开发和数据增值应用的市场机制。建立公共数据资产登记制度，探索建立数据资源审计和安全监督制度。建立数据共享开放的追溯制度，探索利用区块链技术跟踪和追溯数据共享开放使用情况。（牵头单位：市大数据委；责任单位：市直各部门，贵阳块数据公司，各区〔市、县〕人民政府、各开发区管委会） 五、推进政府数据共享 （一）建设政府数据共享交换平台 基于“云上贵州·贵阳平台”，构建政府数据共享交换平台，推动跨部门、跨区（市、县）、跨层级的数据资源按需共享。共享交换平台（内网）按照涉密信息系统分级保护要求，依托电子政务内网建设和管理；共享交换平台（外网）按照网络安全相关制度和要求，依托电子政务外网建设和管理。各政府部门业务信息系统原则上通过电子政务内网或电子政务外网承载，通过政府数据共享交换平台与其他政府部门共享交换数据。凡新建的需要跨部门共享数据的业务信息系统，必须通过政府数据共享交换平台实施数据共享，原有跨部门数据共享交换系统应逐步迁移到政府数据共享交换平台。探索利用区块链技术记录数据共享行为，开展基于智能合约的自动数据共享试验。加快与省级“云上贵州”系统平台进行对接，促进全省及全国数据资源共享。（牵头单位：市大数据委；责任单位：市直各部门，各区〔市、县〕人民政府、各开发区管委会） 六、推进政府数据开放与增值应用 （一）建立政府数据开放网站与管理机制 加快建设集开放数据处理与标准化、开放数据库、数据资源开放目录体系、数据开放管理平台、门户网站等于一体的政府数据开放网站。按照动态管理的原则，分年度制定并实施政府数据开放计划，鼓励各方在保障公共利益和个人隐私前提下的政府数据增值利用，探索构建互联互通的分布式开放数据体系。政府部门加强落实本部门政府数据开放工作职责，编制数据开放负面清单，建立政府数据脱敏的标准和流程，确立契约式开放三方主体的职责和义务，及时向社会公布。除法律法规明确不宜开放的数据，一律分级、分类逐步向社会开放。依法不予开放和需要特定相对人申请开放的政府数据，数据目录和限制开放依据应当向社会公布。除法律法规另有规定外，对涉及国家秘密、商业秘密、个人隐私的政府数据，依法按程序进行脱敏、脱密等技术处理符合开放条件的向社会开放。对安全性、稳定性、业务处理能力要求较高的数据资源，可依法申请开放。数据提供部门与相关部门对申请主体资质、数据资源使用范围等审核通过后，以接口方式定向开放。探索基于区块链技术的数据资源开放使用情况的链上跟踪和追溯。在依法利用和保障安全的原则下，对具备良好市场应用前景、较大经济和社会价值的政府开放数据，政府部门可通过政府购买服务、协议约定、依法提供等方式引入合法机构开展政府数据市场化开发应用。鼓励依申请开放类政府数据的申请者对其合法利用数据开发的衍生产品或应用面向社会公益开放。政府部门应当对开放数据进行动态更新管理，确保开放数据及时有效。（牵头单位：市大数据委；责任单位：市直各部门，贵阳块数据公司，各区〔市、县〕人民政府、各开发区管委会）

续表

发文日期	文件名称	发文机关	主要内容
			七、加强政府数据共享开放安全保障 （三）建立基于区块链的数据安全监管平台 建立数据安全外部检验和否决的工作机制，植入区块链及其检验等技术，全面掌握“谁来拿数据”“拿数据干什么”，稳妥履行数据安全监管职能，对数据共享开放对象进行筛选、记录、追踪，推动数据安全监管平台建设。利用区块链技术明确数据资产来源、所有权、使用权和流通路径，通过数据脱敏、多签名私钥、加密技术、安全多方计算技术等技术防止个人隐私和核心数据泄露。加强数据安全风险评估、检查和监督，定期排查安全隐患，建立数据安全审计跟踪机制，提升数据安全监测、预警等能力。（牵头单位：市公安局、市大数据委；责任单位：市直各部门，贵阳块数据公司，各区〔市、县〕人民政府、各开发区管委会）
2017 年 2 月 15 日	贵阳市人民政府办公厅关于成立贵阳区块链发展和应用推进工作指挥部的通知	贵阳市人民政府办公厅	为统筹推进贵阳区块链发展和应用，奋力打造区块链产业生态体系，市人民政府决定成立贵阳区块链发展和应用推进工作指挥部，现将有关事项通知如下： 二、工作职责 指挥部负责统筹协调推进贵阳区块链发展和应用工作，为全市“一核四驱多中心”的区块链发展战略提供政策、技术、服务、人才、资金等保障；跟踪全球区块链技术演进路线、产业发展路线和企业成长动态，研究提出贵阳区块链产业发展扶持政策建议；组织开展区块链相关标准研制工作；组织推进贵阳区块链创新中心、数字社会区块链实验室筹建工作；组织搭建贵阳区块链创新基地、公共测试服务平台，协调建立区块链技术发展和应用孵化器、人才培养和培训中心；重点突破政府数据共享开发和精准扶贫等区块链应用场景；研究制定区块链发展目标并推动相关工作落实；完成市委、市政府交办的其他工作。 三、工作保障 （一）贵阳区块链发展和应用推进工作指挥部办公室成员为专职工作人员，不再承担所在单位工作，年度考核由指挥部考核并将结果反馈所在单位。

续表

发文日期	文件名称	发文机关	主要内容
2016年12月	贵阳市政府发布《贵阳区块链发展和应用》白皮书	贵阳市政府	计划5年建成主权区块链应用示范区。

表17　海南省区块链主要政策梳理

发文日期	文件名称	发文机关	主要内容
2017年12月29日	海南省人民政府办公厅关于印发《海南省加快推进物流降本增效促进实体经济发展实施方案》的通知	海南省人民政府办公厅	五、加快发展智慧物流 （二十）加快推进“互联网+物流”。依托互联网、大数据、云计算、物联网、区块链等信息技术，大力推进北斗卫星导航系统（BDS）、地理信息系统（GIS）、电脑辅助拣货系统（CAPS）、仓库管理系统（WMS）、电子数据交换（EDI）、运输管理系统（TMS）在物流领域的推广和应用，创新基于“互联网+物流”新业态、新模式。通过搭建互联网平台，创新物流资源配置方式，推进港口与航运、船（车）与货物、城乡配送匹配新算法，构建智能港口、智能仓储、数据物流的智慧物流服务体系。（责任单位：省交通运输厅、省商务厅、省工业和信息化厅）
2017年4月18日	海南省人民政府关于印发《加快推进“互联网+”行动实施方案》的通知	海南省人民政府	二、重点工作 （九）“互联网+”普惠金融 建立和完善适应互联网金融发展特点的政策措施和监管机制，鼓励发展以互联网为载体、符合国家监管要求的网络银行、第三方支付、P2P网络借贷、众筹融资、电商金融等新型金融业态和融资平台，规范互联网金融发展业态。鼓励金融机构与互联网企业深度合作，发起设立互联网金融平台，拓展互联网金融业务，推动传统金融与创新金融互补发展。支持大型互联网企业、金融机构、电商平台等发起或参与设立股权众筹、P2P、第三方资金托管与结算、融资担保、融资租赁、商业保理、电商金融等机构，开展在线理财、普惠金融服务。支持利用区块链技术驱动金融创新发展，开发基于区块链底层技术和应用平台的互联网金融示范应用。推动金融机构建设完善移动金融平台，拓展金融IC卡在公共服务领域的应用。加快建设完善全省社会信用信息管理系统，加强互联网金融信用体系和安全防控体系建设，对接全省社会信用信息共享平台，推进公共信用信息、金融信用信息和社会信用信息共享共用，促进互联网金融健康发展。（省政府金融办、人民银行海口支行、银监会海南监管局、证监会海南监管局、保监会海南监管局、省工业和信息化厅、省发展改革委，各市县政府，洋浦经济开发区管委会等）

表 18　湖北省区块链主要政策梳理

发文日期	文件名称	发文机关	主要内容
2017 年 4 月 11 日	湖北省人民政府办公厅关于进一步降低企业成本振兴实体经济的意见	湖北省人民政府办公厅	二、降低企业物流成本 （十七）大力推动金融产品和服务创新。鼓励金融机构开展订单质押、动产质押、商标质押贷款以及银证通业务。推动辖内商业银行机构与税务部门开展银税合作，2017 年“纳税信用贷”服务企业数量达到 2000 家，规模达到 40 亿元。支持企业利用抵押物剩余价值进行顺位抵押，有效盘活企业固定资产。创新贷款还款方式，综合利用循环贷、年审制贷款、无还本续贷、贷款重组等方式，减轻企业还款压力。利用自贸区政策，大力发展融资租赁和商业保理业务，引入海外低成本资金。大力发展小微支行、社区支行和科技支行等专营机构，力争到 2017 年底数量达到 2100 家；积极实施“小微企业信贷子公司”的改革试点；积极筹建首家民营银行，继续开设一批村镇银行，增加金融资源供给。大力发展供应链融资，推广应收账款质押融资平台，动员政府采购中心、政府融资平台、大企业成为平台核心企业。积极发展金融科技，增强大数据、云计算、区块链技术在征信、金融中介、风险防范等领域的应用。（责任单位：人行武汉分行、湖北银监局、省政府金融办、省科技厅、省财政厅、省国土资源厅、省住建厅、省国税局、省地税局）

表 19　内蒙古自治区区块链主要政策梳理

发文日期	文件名称	发文机关	主要内容
2017 年 12 月 28 日	内蒙古自治区人民政府办公厅关于印发《内蒙古自治区大数据发展总体规划（2017–2020 年）》的通知	内蒙古自治区人民政府办公厅	二、发展形势 当前，以大数据驱动的科技革命和产业革命正在快速演进，世界各国都把推进经济数字化作为实现创新发展的重要动能，在前沿技术研发、数据开放共享、隐私安全保护、人才培养等方面做了前瞻性布局，掌握和运用大数据的能力正日益成为国家竞争力的重要标志。大数据关键技术不断突破，推动新一代移动通信、天地一体信息网络、物联网、新一代人工智能、智能制造、量子信息、区块链、虚拟现实（VR）、增强现实（AR）等技术蓬勃发展，大数据应用加速与经济社会各个领域深度融合，产业生态逐渐形成，经济价值和社会价值正在凸显。

续表

发文日期	文件名称	发文机关	主要内容
			四、主要任务 （二）加强大数据技术研发创新 以应用为导向，围绕重点领域和关键环节，加强基础技术研究，突出应用技术和产品研发，形成支撑大数据发展的技术产品体系。 加强大数据关键技术和产品研发。发挥企业创新主体作用，整合产学研用资源，加强与国内外科研机构和企业的合作，联合开展技术攻关，研发大数据采集、传输、存储、管理、处理、分析、应用、可视化和安全等关键技术、产品和解决方案。支持大规模异构数据融合、集群资源调度、分布式文件系统、流计算、图计算、机器学习、数据挖掘、区块链等基础技术研究。结合行业应用，重点研发大数据建模、分析、理解、预测及决策支持与知识服务等智能数据应用技术。结合相关产业发展，重点研发面向大数据的新型计算、存储、传感、通信等芯片、器件和装备技术。加快研发新型服务器、存储设备、智能终端等硬件产品和商业智能、数据可视化、自然语言处理等软件产品。 （六）深化大数据与产业融合应用 开展多方数据融合业态创新。打破体制机制障碍，打通数据孤岛，创新合作模式，积极开展跨领域、跨行业的数据融合和协同创新试点。加强多方安全计算、数据匿名化、区块链等数据融合关键技术研发和应用，建设多方数据融合应用创新平台，汇聚电信、能源、金融、农牧业等行业数据资源，培育一批跨界融合应用企业，探索形成协同发展的新业态、新模式，形成新的经济增长点。 五、重大工程 （一）大数据关键技术及产品研发与产业化工程 关键技术产品研发工程。支持大数据、云计算等共性关键应用技术研发，实施一批重大科技项目，重点突破绿色节能数据中心、大规模数据仓库、数据存储、数据清洗、数据分析挖掘、数据可视化、多元数据融合、机器学习、区块链、自主可控信息安全与大数据条件下隐私保护等应用关键技术。

表 20　江西省区块链主要政策梳理

发文日期	文件名称	发文机关	主要内容
2018 年 2 月 26 日	江西省工业和信息化委员会关于组织申报工信部信息消费试点示范项目工作的通知	江西省工业和信息化委员会	三、试点示范内容 （三）行业类信息消费试点示范 6. 现代物流服务。支持发展面向信息消费全过程的现代物流服务，支持多式联运综合物流的创新应用，积极探索利用区块链技术开展物流信息全程监测，推进物流业信息消费降本增效。
2018 年 2 月 23 日	南昌市工业和信息化委员会关于组织申报工信部信息消费试点示范项目工作的通知	南昌市工业和信息化委员会	三、试点示范内容 （三）行业类信息消费试点示范 6. 现代物流服务。支持发展面向信息消费全过程的现代物流服务，支持多式联运综合物流的创新应用，积极探索利用区块链技术开展物流信息全程监测，推进物流业信息消费降本增效。
2017 年 12 月 29 日	江西省人民政府关于支持赣州建设省域副中心城市的若干意见	江西省人民政府	五、加快打造区域性中心 （十八）建设省域金融次中心。推进赣州市建设全省金融次中心、赣粤闽湘四省边际区域性金融中心；支持赣州市在地方金融组织体系、中小企业金融服务等方面开展改革试验；支持建设金融商务核心区、区块链金融产业沙盒园和金融后援服务中心；支持赣南金融资产交易中心、赣州苏区振兴并购基金园等金融平台建设；支持符合条件的企业发行企业（公司）债券、中期票据、短期融资券、中小企业集合票据和上市融资；支持农村金融产品和服务方式创新，鼓励和支持设立村镇银行；支持赣州市所有纳入罗霄山片区的贫困县享受首次公开募股（IPO）绿色通道；积极争取国家开发银行在赣州开设分支机构，提升贷款审批、放款、用款效率，在项目融资额度贷款利率和期限上给予倾斜。（牵头单位：省政府金融办、省发改委、省财政厅；配合单位：人行南昌中心支行、江西银监局）

续表

发文日期	文件名称	发文机关	主要内容
2017年9月22日	江西省人民政府办公厅关于印发《江西省“十三五”建设绿色金融体系规划》的通知	江西省人民政府办公厅	第一章　发展基础与发展环境 第二节　发展环境 从国内环境看，我国经济发展进入新常态，经济增速换挡、结构调整阵痛、新旧动能转换相互交织，经济形势复杂。经济增速从高速转向中高速，增长结构从中低端转向中高端，增长动力从传统增长点转向新增长点。国家不断强化金融监管，防控金融风险，金融业发展更加注重质量优先、结构优化，金融业发展速度可能放缓。金融改革加速推进，利率市场化已经实现，汇率改革不断推进，人民币国际化进程加快，存款保险制度实施、民营银行常态化设立、保险“偿二代”等改革措施相继实施。互联网金融带来新的业务模式和行业竞争格局，以互联网支付、网络借贷、股权众筹、互联网保险、互联网消费金融等为代表的新金融模式和以区块链为代表的金融科技为行业发展带来新机遇、给监管带来新挑战。 第三章　战略举措与主要任务 第三节　构建绿色金融创新体系 五、规范发展互联网金融 支持传统金融机构依托互联网技术积极开发新产品和新服务，实现传统金融业务与服务转型升级，促进互联网银行、互联网基金、互联网证券、互联网保险等规范发展。鼓励本地法人金融机构设立独立持牌的直销银行、互联网保险公司、互联网证券等机构。打造“互联网＋金融”的创新模式，借助众筹助力众创，鼓励众筹平台为小微企业和个人创业提供资金支持；稳步推动有实力的金融企业发起设立包括互联网银行、证券、保险、保理、第三方支付、P2P网贷、股权众筹在内的互联网金融平台。遴选优质企业发起设立注册资本5亿元以上的网络小额贷款公司。鼓励发展区块链技术、可信时间戳认定等互联网金融安全技术，应用于金融业务场景。建立互联网金融综合管理信息系统和风险预警机制，建立行业统计和数据报送制度。

表 21　陕西省区块链主要政策梳理

发文日期	文件名称	发文机关	主要内容
2018 年 3 月 15 日	咸阳市人民政府办公室关于加强智慧医疗建设和应用工作的实施意见	咸阳市人民政府办公室	二、重点任务 （二）应用试点重点任务 9、深化数据应用。各县市区二级以上医疗机构要严格按照省市关于医疗机构诊疗数据共享内容要求向市级平台开放信息系统数据库，并提供库表结构及字段说明或提供数据库视图及字段说明，由市级平台直接抓取相关数据，实现医疗机构诊疗数据与市级平台的无缝对接，各医疗机构要确保开放数据的准确和完整性。市上将专项开展数据质量考核比对排名。市人社局、市卫计局要依托医疗大数据平台，开展监控分析和智能审核应用，提升管理监督效能。市科技局要加大医疗大数据应用立项支持力度，引导企事业单位积极开展医疗大数据应用。市卫计局、市信息办要积极探索基于区块链技术的医疗数据监管与服务，在诊疗数据共享互认、健康档案调阅等环节，加强对患者隐私信息的保护。（责任单位：市信息办、市卫计局、市科技局、市人社局、各县市区政府。完成时限：2018 年 6 月 30 日前）

表 22　四川省区块链主要政策梳理

发文日期	文件名称	发文机关	主要内容
2018 年 1 月 26 日	成都市人民政府办公厅关于印发《成都市创新管理优化服务培育壮大经济发展新动能加快新旧动能接续转换工作实施方案》的通知	成都市人民政府办公厅	三、任务分工 （三）构建新生产要素有效流动的新机制 1. 完善智力要素集聚流动机制 营造有利于跨界融合研究团队成长的氛围。创新体制机制，突破院所和学科管理限制，持续推进在精准医学、人工智能、区块链、能源互联网、智能制造、大数据应用、基因工程、数字创意等交叉融合领域，构建产业（技术）创新中心、制造业创新中心、工程研究中心及新型产业技术研究院等应用创新平台和创新网络，突出学科交叉和协同创新，推动跨界融合的颠覆性创新活动。积极争取国家实验室、国家重大科技基础设施及重点实验室等基础创新平台布局建设，稳步提升区域基础研究和原始创新能力。（市发改委、市经信委、市教育局、市科技局等部门按职责推进）

续表

2017 年 12 月 28 日	成都市人民政府办公厅关于推进普惠金融发展的实施意见	成都市人民政府办公厅	二、主要任务 （一）推进普惠金融机构和市场体系建设 2. 充分发挥新型金融业态的多元供给优势。一是着力推进消费类金融机构发展。支持符合准入条件的出资人设立公募基金、消费金融公司、汽车金融公司、互联网保险公司，推动商业银行贷记结算中心落地成都，激发消费潜力，促进消费升级。二是大力弥补金融供给短板。设立地方资产管理公司（AMC）、财富管理、融资租赁、商业保理、再担保、科技小贷、互联网小贷等新兴金融组织，弥补金融领域供给短板。三是积极拓展金融配套功能。规范征信和评级机构发展，加快发展金融押运公司、金融媒体、保险配套服务等专业法人机构，丰富和完善金融市场体系功能。四是推动传统金融升级转型。支持传统金融机构广泛应用大数据、云计算、人工智能、移动金融等技术，实现传统金融从服务业向“服务 + 产业”的跨界融合发展，构建全产业链金融综合服务体系。五是规范发展互联网金融。建立完善适应互联网金融特点的监管长效机制，出台《成都市网络借贷信息中介机构管理暂行办法》，促进网络借贷行业健康发展。六是积极发展供应链金融。充分利用区块链技术公开透明、不可篡改的属性，支持区块链在跨境支付、保险理赔、票据管理等金融领域的典型应用，为供应链管理企业提供高效便捷的融资渠道。
2017 年 11 月 21 日	四川省人民政府关于印发《中国（四川）自由贸易试验区建设实施方案》的通知	四川省人民政府	三、主要任务 （七）助力西部金融中心建设 59. 大力发展科技金融。按照国家统一部署，积极争取纳入投贷联动试点。鼓励企业与高校等机构合作，共同开设区块链技术、人工智能等金融科技创新培训课程，共建金融创新实验室基地。建立科技企业信用评价体系和标准，引导金融机构探索完善科技企业信用风险管理机制。鼓励借助区块链等前沿技术，在自贸试验区内试点推动搭建金融安全数字化信息平台。

表 23　新疆维吾尔自治区区块链主要政策梳理

发文日期	文件名称	发文机关	主要内容
2017 年 8 月 14 日	新疆生产建设兵团转发《国务院关于印发 <新一代人工智能发展规划> 的通知》的通知	新疆生产建设兵团	三、重点任务 专栏 3　基础支撑平台 （三）建设安全便捷的智能社会 4. 促进社会交往共享互信。 充分发挥人工智能技术在增强社会互动、促进可信交流中的作用。加强下一代社交网络研发，加快增强现实、虚拟现实等技术推广应用，促进虚拟环境和实体环境协同融合，满足个人感知、分析、判断与决策等实时信息需求，实现在工作、学习、生活、娱乐等不同场景下的流畅切换。针对改善人际沟通障碍的需求，开发具有情感交互功能、能准确理解人的需求的智能助理产品，实现情感交流和需求满足的良性循环。促进区块链技术与人工智能的融合，建立新型社会信用体系，最大限度降低人际交往成本和风险。